Reinhold Ruthe

Seelsorge – wie macht man das?

Reinhold Ruthe

Seelsorge – wie macht man das?

Grundlagen für das therapeutisch-seelsorgerliche Gespräch

Mit einer Einführung in die Paarberatung

BRUNNEN
Verlag Giessen · Basel

6. Auflage 2010
3. Taschenbuchauflage

www.brunnen-verlag.de
Umschlagfoto: Thomas Georg
Umschlaggestaltung: Georg Design, Münster
Satz: Uhl und Massopust, Aalen
Druck: CPI – Ebner & Spiegel, Ulm
ISBN 978-3-7655-3766-0

Inhalt

Einführung

Es ist unübersehbar, daß immer mehr junge und ältere Menschen in unseren Kirchen, in Gemeinden und Gemeinschaften Seelsorge benötigen.

Viele bewußte Christen suchen seelsorgerlichen Rat, weil sie

- psychische Störungen aufweisen,
- seelisch leiden und krank sind,
- durch Erziehung und Sozialisation Fehlverhaltensweisen aufweisen,
- mit psychosomatischen Beschwerden reagieren,
- ausweglose Beziehungskonflikte vorbringen und/oder
- mit geistlichen Problemen belastet sind, die sich seelisch und köperlich auswirken.

Therapeutische Seelsorge meint eine *dienende* Seelsorge (*therapeuo* = dienen). Seelsorger sind Diener, Werkzeuge und Mitarbeiter unseres Herrn. Christus ist der eigentliche Seelsorger. Von ihm lernen wir: »Alle eure Sorge werfet auf ihn.«

Therapeutische Seelsorge ist ein lebendiger Prozeß. Therapeutische Seelsorge ist mehr als Beratungstechnik. Es geht in ihr um biblische Maßstäbe und nicht in erster Linie um Techniken und Methoden der Psychologie. Der Christus-Auftrag »Eins ist not-wendig« bleibt die Grundlage für alle Gespräche.

Sozial- und humanwissenschaftliche Hilfen, die der biblischen Botschaft nicht widersprechen, werden *benutzt*, stehen aber nicht im Mittelpunkt.

Therapeutische Seelsorge ist helfendes und heilendes Gespräch, das im Bekenntnis des Glaubens geschieht und sich mit dem *ganzen Menschen* beschäftigt.

Die Schwerpunkte der therapeutischen Seelsorge hat Professor Werner Jentsch, der vor Jahrzehnten mein Lehrer war, sprachlich und geistlich treffend charakterisiert:

Es geht darum,
- zu *beraten*,
- zu *bezeugen*,
- zu *befreien*.

Alle drei Aspekte sollen in diesem Buch konkret und in Beispielen zu Wort kommen.

Das Buch ist unter dem gleichnamigen Titel schon vor Jahren veröffentlicht worden. Wesentliche Passagen der vorliegenden Ausgabe sind dort nicht enthalten. Ganz neu hinzugekommen ist der Teil »Paarberatung«. Viele Fragebögen und Selbsterforschungs-Blätter wurden ergänzend hinzugefügt.

Das Buch wendet sich an Christen, die sich als haupt- und ehrenamtliche Mitarbeiter um eine vertiefte Seelsorge-Ausrüstung bemühen. Pastoren und Prediger, Leiter von Hauskreisen und kirchlichen Einrichtungen sowie Studenten in der theologischen Ausbildung werden Anregungen für Einzel- und Paargespräche finden. Einige Fragebögen und Selbsterforschungsaufgaben können den Ratsuchenden als Hausaufgaben und dem Seelsorger als Gesprächsgrundlage dienen.

Viele Beispiele, die das Gesagte veranschaulichen, sind aus verständlichen Gründen für den Leser verfremdet worden.

Kapitel 1

Biblische Leitsätze für die therapeutische Seelsorge

Therapeutische Seelsorge will kein selbstgestricktes Programm entwerfen, sondern sich an biblischen Leitlinien orientieren. Seelsorge meint das Sich-kümmern um die Seele, meint den ganzen Menschen nach Leib, Seele und Geist.
Seelsorge geschieht im Namen Jesu und nicht im eigenen Namen. Der eigentliche Seelsorger ist Jesus selbst.
»Ladet alle eure Sorgen auf ihn ab, denn er sorgt für euch«, lädt uns der 1. Petrusbrief ein (1.Petr. 5,7). Im selben Brief findet sich ein Text, der uns präzise den Auftrag der Seelsorge definiert:
»Fördert euch gegenseitig, jeder mit der Gabe, die Gott ihm geschenkt hat. Dann seid ihr gute Verwalter der reichen Gaben Gottes. Wenn einer die Gabe der Rede hat, soll Gott durch ihn zu Wort kommen. Wenn einer die Gabe der helfenden Tat hat, so soll er aus der Kraft handeln, die Gott ihm gibt. Alles, was ihr tut, soll durch Jesus Christus zur Ehre Gottes geschehen. Ihm gehört die Macht für alle Zeiten. Amen« (1.Petr. 4,10.11).
Das ist der biblische Leitgedanke für unsere therapeutische Seelsorge.
Das ist die biblische Dienstanweisung, durch die unser Aufgabengebiet abgesteckt ist.
Auf dem Hintergrund des Textes sind folgende Gesichtspunkte bedeutsam:

1. *Therapeutische Seelsorger sind Diener am Nächsten.*
- Sie sind keine Macher oder selbsternannte Therapeuten.
- Sie verstehen sich nicht als anmaßende Könner.
- Der Auftrag lautet: »Dienet einander...«, bzw. »Fördert einander!«

2. Therapeutische Seelsorge erinnert an den griechischen Begriff therapeuo = helfen, dienen.

- Sie beinhaltet aber auch, daß Hilfsmittel und Techniken aus den Humanwissenschaften eingesetzt werden, um biblische Maßstäbe zu realisieren.
- Humanwissenschaftliche Erkenntnisse und Erfahrungen können niemals die Kraft des Heiligen Geistes ersetzen, der Menschen verändert und erneuert.

3. Therapeutische Seelsorge ist ein Charisma, eine Gabe, die Gott schenkt.

- Wie ein Prediger und Verkündiger die Gabe des Redens von Gott geschenkt bekommt und sie durchs Studium der Theologie und oder eine entsprechende Ausbildung fördert und vertieft, so kann therapeutische Seelsorge durch Kurse und Seminare bereichert und praxisnäher ausgebaut werden.
- Ständiges Gebet darum, die Gaben zu reinigen, zu heiligen und zu erneuern, korrespondiert mit Arbeit und Fleiß, die Gaben auch zu schulen.

4. Therapeutische Seelsorger sind Verwalter der Gaben Gottes.

- Gaben sind kein selbsterrungener Besitz. Es sind anvertraute Geschenke, die wir verwalten.
- Verwalter praktizieren nicht auf eigene Faust; sie agieren als Mitarbeiter Gottes.

5. Der Dienst am Nächsten kennt kein Patentrezept.

- »Jeder dient dem anderen mit der Gabe, die Gott ihm geschenkt hat« (V. 10).
- Therapeutische Seelsorge ist *eine* Möglichkeit, mit Hilfe bewährter Methoden dem Ratsuchenden die Zusammenhänge von tiefliegenden Störungen, von unverstandenen Konflikten, von Lebenslügen und Krankheiten bewußtzumachen.

6. Therapeutische Seelsorger verstehen sich so, »daß Gott in ihnen zu Wort kommen soll« (V. 11).

- Nicht unsere Vorstellungen und Maßstäbe bestimmen die Ge-

spräche, sondern Gottes Wort, das für innerseelisches und zwischenmenschliches Verhalten Gebote bereit hält.
- Darum beginnt alle therapeutische Seelsorge mit dem Hören auf Gott, dem wir unsere Sorgen und Probleme und die des Ratsuchenden anvertrauen.

7. *Therapeutische Seelsorge stellt Gottes Ehre in den Mittelpunkt* (V. 11).
- Therapeutische Seelsorger sind Werkzeuge, Mitarbeiter und Verwalter Gottes.
- Je mehr sie selbst in den Mittelpunkt rücken, desto offensichtlicher fordern sie ihre eigene Ehre.
- Heilungen und Heilwerden in Christus sind nicht unser Verdienst, sondern Gnade.

8. *Therapeutische Seelsorger verlassen sich auf die Kraft und Macht Gottes* (V. 11).
- Ein Begabter ist ein Beschenkter. Ein Vollmächtiger ist ein Bevollmächtigter.
- Darum rechnet ein therapeutischer Seelsorger in jedem Gespräch mit Gottes Macht und Kraft und verläßt sich nicht auf seine Kompetenz. In Matthäus 10,19.20 heißt es:
  »So macht euch keine Sorgen, was ihr sagen sollt. Es wird euch in dem Augenblick schon eingegeben werden. Nicht ihr werdet dann reden, sondern der Geist eures Vaters wird aus euch sprechen.«

Kapitel 2

Worum geht es in Seelsorge und Beratung?

Der Begriff Seelsorge birgt viele Mißverständnisse in sich. So begegnet man häufig der Vorstellung, in der Seelsorge habe man es nur mit dem *Spirituellen* zu tun. In dieser Auffassung hat sich spätantiker hellenistischer Geist in die kirchliche Verkündigung eingeschlichen. Die Folge war, daß in Verkündigung und Seelsorge die biblischen Aussagen über den Menschen verkürzt wurden. Man sah als Zentrum des Menschen nur seinen göttlichen Funken, die Seele, die ihren Ursprung in der oberen Gotteswelt hat. Der Körper gehörte der unteren Welt an, der dunklen, materiellen, der dämonischen Welt. Verkündigung und Seelsorge kümmerten sich dementsprechend um das »Wesentliche«, um das »Eigentliche«, um die Seele, und hatten nur einen Teilaspekt des Menschen im Blick. So wurde die Sünde als geistliches Problem zum *zentralen*, alle leiblichen und psychischen Nöte dagegen zum *peripheren* Thema.

1. Was ist die Seele für den Seelsorger?

Wir haben es den Schwarzen zu verdanken, daß die Seele wieder im Gespräch ist. Sie prägten Begriffe wie: *soul-music* (Seelen-Musik), sie sprechen von *soul-food* (Nahrung für die Seele) und von *soul-brothers* (Seelenbrüder).

Die Bibel schreibt über die Seele:

»Was nützt es dem Menschen, wenn er die ganze Welt gewinnt und Schaden nimmt an seiner Seele?« (Matth. 16,26).

Eine andere Übersetzung formuliert: »... und sein Leben verspielt.« Darum geht es. Die Seele ist also wahres Leben. Sie ist der Speicher unserer Emotionen und Wünsche, der Teil in uns, der liebt, haßt, denkt, will, leidet und entscheidet. Und die Seele ist der

Empfänger, über den uns der Geist Gottes lenken und leiten kann.
Eine seelische Störung ist dadurch gekennzeichnet, daß der Mensch durch eine Schuld, die er bewußt auf sich geladen hat, mit Gott nicht mehr einig, sondern von ihm getrennt ist. Der Mensch verstößt *bewußt* gegen Gottes Gebot. Der Sünder ist sich seiner Sünde bewußt.
Was nützt es uns, wenn wir die ganze Welt gewinnen und unser wahres Leben in Gott einbüßen? Was haben wir davon, wenn wir eine tolle Karriere machen, einen gut bezahlten Job haben, Rekorde aufstellen, Ehre erringen und Besitz anhäufen? Wer sein Ich über alles stellt, wer seine Wünsche, Ambitionen, Leidenschaften, sein Vergnügen und sein Glück an die erste Stelle rückt und Gott hintenanstellt, verliert seine Seele, verliert sein wahres Leben.

2. Die herkömmliche Seelsorge

In einigen klassischen Lehrbüchern wird Seelsorge in erster Linie als Verkündigung und Sündenvergebung beschrieben. Herkömmliche Seelsorge ist eine spezielle Form der Verkündigung des Wortes Gottes. Sie vollzieht sich in Gestalt eines Gespräches. Es soll in diesem Gespräch zum Bruch mit dem alten Leben ohne Christus kommen. In dem Dialog von Mensch zu Mensch soll »dem einzelnen auf seinen Kopf zu die Botschaft gesagt« werden, wie H. Asmussen formuliert hat. Es handelt sich also nicht um irgendeine Sorge um den Menschen, sondern um eine Seelsorge im Namen Jesu, um Seelsorge nach dem Willen Gottes. Es geht um das Heil, um das Eine, das not tut. Es geht um die Rettung des Menschen, um einen klaren Herrschaftswechsel.
Darum kann es auch nicht das Ziel der herkömmlichen Seelsorge sein, das Leben eines Menschen zu verbessern, sein Innenleben in Ordnung zu bringen, Verklemmungen und Hemmungen abzubauen und seine Genußfähigkeit zu bereichern. Daß Verklemmungen, Komplexe, Fehlhaltungen und seelische Störungen dabei völlig unwichtig wären, soll damit nicht gesagt sein. Nur – der

Hauptakzent dieser Seelsorge liegt nicht im Psychologischen, sondern im Theologischen. Herkömmliche Seelsorge zielt auf den Bruch, den Umschwung, die Bekehrung, die Hinwendung zu Jesus Christus.

Diesem Verständnis entspricht dann auch die Art der Aussprache, des seelsorgerlichen Gesprächs mit dem Seelsorgesuchenden. Hier geht es um Vergebung, die mehr meint als Annahme, als Tolerieren und Solidarisieren. Der Seelsorger nimmt den Ratsuchenden an, wie Jesus den Sünder angenommen hat, er, der zur Sünde ein radikales Nein, aber zum Sünder ein bedingungsloses Ja gesagt hat. Wer seine Sünde bekennt, dem kann der Seelsorger die Verheißungen Gottes zusprechen.

Das bedeutet: Seelsorger kann nur sein, wer sich von Jesus Christus berufen und gesandt weiß, Gemeinschaft mit und durch ihn hat, wer aus seiner Kraft helfen und bezeugen will. Denn in der so verstandenen Seelsorge geht es erst in zweiter Linie um menschliche Ratschläge, um psychologische Hilfen, um Entscheidungshilfen zur Lebensbewältigung.

Dieser Tenor darf nicht überhört, das Ziel solcher Seelsorge darf nicht diskriminiert werden. Einseitig liegt aber die Betonung auf der Frage nach dem *Heil*, während alle anderen Probleme des Menschen beiseite gelassen werden. Die Einseitigkeit kann mit der überspitzten Formulierung eines Seelsorgers gekennzeichnet werden: »Hast du Jesus, lösen sich alle Probleme der Welt.« Dieser Satz ist in seiner Simplifizierung falsch. Wer Jesus Christus gefunden hat, ist nicht von Problemen, Fehlhaltungen, Neurosen, Konflikten und psychischen Störungen frei. Auch ein Mensch, der glaubt und betet, hat noch Probleme, Schwierigkeiten und Konflikte. Wer etwas anderes sagt, kann viele gutwillige Christen an Gott irre werden lassen. Er benutzt seinen Glauben wie eine magische Kraft. Doch Gott hat uns seinen Beistand verheißen und nicht die Beseitigung aller Probleme.

R. Affemann kann sagen: »Es kann leider nicht bestritten werden, daß nicht wenige ernste Christen in ihrem Unterbewußten unmoralischer, bösartiger, liebloser sind als viele moderne Heiden. Die bei ihnen vorhandenen psychoneurotischen Symptome und funktionellen körperlichen Krankheiten weisen nicht selten darauf hin, daß der christliche Glaube hier zu einem großartigen Verdrängungsmanöver geführt hat.«[1]

3. Das Leib-Seele-Geist-Problem

Die Wirklichkeit der Seele kann man nicht beweisen. Man kann die Seele auch nicht irgendwo im Körper lokalisieren. Wir lächeln über den Philosophen Descartes, der die Seele in der Zirbeldrüse ansiedeln wollte. Wir lächeln auch über die Feststellung des Anatomen Virchow, der nach zahllosen Operationen nicht die Spur einer Seele im menschlichen Leibe entdecken konnte. Die Seele ist kein Organ, sondern eine Dimension. Leib und Seele hängen eng miteinander zusammen. Man könnte sagen, daß die Seele die Innenseite des Körpers, daß der Körper die Außenseite der Seele ist. Man kann den Menschen nicht in einen inneren und einen äußeren Menschen aufspalten. Vielmehr besteht zwischen Leib und Seele die innigste Verbindung. Die Seele formt sich in Gesicht und Händen, in Gang und Schrift des Menschen aus. Mit unserer gesamten Erscheinung, mit jeder Geste und durch den Klang unserer Stimme verraten wir unsere Seele.

Falsch ist es zu formulieren: Der Mensch *hat* eine Seele, sondern er *ist* eine Seele, die eines Körpers bedarf, um sich in der irdischen Welt auswirken zu können.

Wie Leib und Seele zusammenhängen, machen einige Beispiele deutlich: Meine Seele hat Angst. Die Folge ist: Der Körper zeigt plötzlich kalten Schweiß bis hin in die Handflächen.

Meine Seele empfindet Gruseln. Die Folge ist: Der Körper bekommt eine Gänsehaut.

Die Seele freut sich sehr. Die Folge ist: Der Puls schlägt höher, schneller.

Viele seelische Leiden können sich in körperlichen Erkrankungen niederschlagen. Es kann zu Lähmungen kommen, zu Magengeschwüren, zu Atembeschwerden, zu Verstopfung, zu Herzattacken und Kreislaufbeschwerden. Anfang des Jahrhunderts war man der Meinung, daß sich Neurosen – also seelische Fehlhaltungen – nur auf das Herz legen und Herzleiden verursachen würden. Heute

weiß man, daß alle Organe von der Neurose beeinflußt werden. Es gibt neurotische Leber-, Gallen- und Blasenleiden.
Psychosomatik heißt der Zweig der Medizin, der es sich zur Aufgabe gemacht hat, die Zusammenhänge zwischen seelischen Funktionen und körperlichen Krankheiten zu erfassen.
Psychosomatische Erkrankungen sind psychische Gleichgewichtsstörungen, die auf den Körper ausstrahlen. Die »Nervosität«, eine moderne Volkskrankheit, ist ein seelischer Krankheitszustand, der in der Regel mit Paketen von Medikamenten behandelt wird. Eigentlich müßte der seelische Ausnahmezustand vom Seelenleben her beeinflußt und geheilt werden. Aber schon aus Zeitgründen betreiben viele Zeitgenossen Symptomkosmetik: Sie kurieren an der Oberfläche herum.
Was sind nun die Ursachen der weitverbreiteten Nervosität? Die einen machen den *Lärm* dafür verantwortlich. Andere sprechen von *Überarbeitung*, von *Einsamkeit, Angst, Isolierung*. Der Durchschnittsbürger glaubt, daß sein Nervensystem nicht richtig funktioniere, zu schwach oder beschädigt sei. Richtig ist aber, daß der willkürliche Nervenapparat in der Regel völlig intakt ist und bestenfalls das Vegetativum, das autonome (dem Willen nicht unterworfene) Nervensystem, für die seelische Disharmonie verantwortlich gemacht werden kann. In der ärztlichen Sprechstunde lautet der Befund dann *vegetative Dystonie*. Aber ob tatsächlich im autonomen Nervenapparat die Ursache der nervösen Leiden zu finden ist, muß stark angezweifelt werden. Psychopharmaka haben zwar eine beeinflussende Wirkung, aber in vielen Fällen sind Medikamente völlig wirkungslos. Auch die Verabreichung von Schein-Medikamenten, von Placebos, macht deutlich, daß Suggestion und seelische Beeinflussung einen beachtlichen Erfolg haben können. Einbildung und Suggestion sind aber seelische Phänomene. Der Organismus wird also durch Gedanken, Gefühle und Vorstellungen beeinflußt. So kann man vermuten, daß das vegetative Nervensystem durch seelische Probleme, durch Konflikte und Spannungen beeinflußt und beeinträchtigt wird. Eine kranke Seele hat also das autonome Nervensystem aus dem Gleichgewicht gebracht. Eine gestörte Erlebnisverarbeitung hat also Krisen, Ausweglosigkeiten, Depressionen, Verzweiflungen, berufliches Versagen, Selbstmord-

gedanken, Kontaktlosigkeit, Mißtrauen, Selbstentfremdung, Resignation und psychogene Organerkrankungen hervorgebracht.
Die Nerven sind gesund, aber die Seele ist krank.
In den letzten Jahren ist man ziemlich übereinstimmend davon ausgegangen, daß 30 bis 50% der Kranken, die ärztliche Hilfe in Anspruch nehmen, sogenannte »funktionelle Leiden« zeigen. Für das Zustandekommen sind nicht materielle Dinge in erster Linie haftbar zu machen, sondern Spannungen, Ängste, mangelnde seelische Widerstandskraft. Es handelt sich also um seelische Zustände, um Erlebnisverfestigungen, die hierbei eine Schlüsselrolle spielen.
In den sog. Geisteskrankheiten, den Schizophrenien und dem manisch-depressiven Kranksein, die bisher als *endogene* Psychosen aufgefaßt wurden, will man in erster Linie Veränderungen im körperlichen Geschehen annehmen, also im Gehirn oder auch an anderen Organen, die auf noch weitgehend unbekannte Weise bestimmte Hirnabschnitte materiell beeinflußen. Aber selbst wenn man Veränderungen im Gehirn bei Schizophrenien gefunden hat, ist niemals sicher erwiesen, ob diese Veränderungen in erster Linie für die sog. Geisteskrankheit verantwortlich gemacht werden können oder ob die Veränderungen sich nicht im Verlauf der Krankheit gebildet haben.
Prof. A. Mitscherlich fragt mit Recht:
»Die erfolglose Erforschung nach den primären Krankheitsursachen im Hirnorgan dauert jetzt schon mindestens hundert Jahre. Wenn auch der Eifer rühmenswert ist, so ist man doch nach dieser Zeit berechtigt zu fragen, warum die Forschung nicht eine Richtungsänderung ihres Suchens vornehmen mochte. Die Erklärung kann nur im sozialpsychologischen Milieu gefunden werden. In ihm herrschte während dieser Zeitspanne die nahezu ungebrochene stillschweigende Übereinkunft, daß jede Krankheit eine primärköperliche Ursache habe, also auch so schwere Erkrankungen wie die Psychosen. Das ist die Auswirkung der *letzten Anthropologie*, die auch der psychiatrischen Forschung solange vorgestanden hat.«[2]
Und der menschliche Geist?
Er ist eine eigene Größe im menschlichen Leben. Seine Definition und Einordnung ist schwierig. Wir unterscheiden aber seelisches

und geistiges Sein. Der Mensch ist Träger des Geistes. Er ist gekennzeichnet durch Selbstbewußtsein, Selbstbestimmung, bewußte Verantwortlichkeit und Freiheit, durch Unterscheidung von Sein und Sollen. Die Sonderstellung des Geistes gegenüber Leib und Seele entspricht in jeder Beziehung dem Neuen Testament. Paulus schreibt: »Der Gott des Friedens heilige euch durch und durch, und völlig unversehrt möge euer Geist samt der Seele und dem Leib bei der Wiederkunft unseres Herrn Jesus Christus bewahrt geblieben sein« (1. Thess. 5,23).

Es bedarf keiner Frage, daß neben der psychischen Behandlung und Beratung die *geistige* Betreuung des Ratsuchenden heute eine große Rolle spielt. Der Geist des Menschen ist nicht von sich aus göttlich, ist nichts Übermenschliches, aber er steht mit dem Seelisch-Körperlichen in Verbindung und mit dem Geiste Gottes. Alle drei Bereiche stehen in lebendiger Wechselbeziehung. »Gottes Geist aber bezeugt unserm Geist, daß wir Gottes Kinder sind« (Röm. 8,16).

Der Mensch als »dreidimensionales« Wesen ist in seiner dreifachen Beziehung eine Einheit. Alle drei Dimensionen sind eng miteinander verbunden, und man sollte deshalb von Körper, Seele und Geist als von drei verschiedenen Seiten des einen Wesens reden. Denn jede Erkrankung, die in einer der drei Dimensionen auftritt, erfaßt immer den ganzen Menschen.

Es ist bezeichnend, daß in der Psychologie viel von Trieben die Rede ist, daß der Mensch ein Getriebener sein soll. Der Geist des Menschen, seine ganze Geprägtheit und Sinngerichtetheit werden unterschlagen. Ausgerechnet der Biologe A. Portmann muß die Verkürzung des Menschen auf Leibliches und Seelisches ansprechen, wenn er schreibt: »Die Geistigkeit eignet dem Menschen auch schon biologisch und sogar anatomisch, und es ist nicht wenig beschämend, wenn die Psychologie sich das erst von einem Biologen sagen lassen muß, daß sich nämlich in unserem Entwicklungsgang ein Stadium finden läßt, in dem spät erst jene Merkmale hervortreten, die wir als geistig abheben.«[3]

Nicht umsonst spricht der Begründer der Logotherapie, Viktor E. Frankl, von *noogenen Neurosen*, die durch Sinnlosigkeit der eigenen Existenz, auch Leere des Daseins hervorgerufen sind. Einen Teil der Ursachen von Neurosen sieht Frankl also im Geistigen.

Leib, Seele und Geist sind eine unlösbare schöpfungsmäßige Einheit. Und wie der Mensch für den Leib sorgt, muß er auch für die Seele sorgen. Leibsorge und Seelsorge sind also aufeinander angewiesen und eng miteinander verknüpft.

4. Seelsorge und Heilung

Seelsorge ist eine Lebenshilfe, die den ganzen Menschen betrifft. Sie gründet sich in der Nachfolge Christi. Lebenshilfe ist aber mehr als Hilfe zum ewigen Leben, sie umfaßt seelische und körperliche Nöte, umfaßt den Menschen in seinem Glaubensalltag, in seinen Zweifeln, in seinen Schwächen, in seinen Leiden und Ängsten, in seinen Sorgen und seiner Verzweiflung, in seinen Verspannungen und Belastungen, in seinen Anfechtungen und Hemmungen.
Im Alten Testament wird Krankheit in engem Zusammenhang mit Sünde gesehen. Ungehorsam gegen Gott hat Krankheit verschiedenster Art zur Folge. Selbst Hiob, der seine Unschuld vor Gott beteuert, spricht sich im Verlauf seiner Schicksalsschläge schuldig und tut Buße in Sack und Asche, weil er sich als Geschöpf Gottes gegen den Schöpfer und sein unbegreifliches Gericht aufgelehnt hat. Auch im Neuen Testament findet man eine enge Verbindung zwischen Krankheit, Tod und Sünde. Krankheit wird als Zeichen der Gottentfremdung gesehen und von Jesus mit Sünde in Verbindung gebracht.
Wir sollten uns allerdings hüten, jede Krankheit als *Folge* einer *konkreten* Sünde zu verstehen. Jesus hat es sogar seinen Jüngern verwehrt, in schweren Schicksalsschlägen, die ihre Mitmenschen betrafen, die direkte Folge besonders schwerer Sünden zu sehen. Den Zusammenhang von Sünde und Krankheit hat er aber nie bestritten.
Aber auch Heilung von Krankheit spielt in der Bibel eine entscheidende Rolle. Wenn Krankheit als Strafe und Züchtigung von Gott ausgeht, dann ist Gott auch in der Lage, den Menschen von Gebrechen und Schwächen zu heilen. »Ich bin der Herr, dein Arzt« (2. Mose 15,26). Der Begriff Heilung ist umfassend. Er bezieht sich

nicht nur auf Körperkrankheiten, sondern auch auf *seelische und psychische Leiden*, auf die Gesamtsituation des unerlösten Menschen. Der Abschnitt über den Gichtbrüchigen (Mk. 2,1–12) macht deutlich, wie eng Sünde und Krankheit zusammengehören. Adolf Allwohn schreibt darüber:

»Diese Heilung konnte nur deshalb ein sichtbarer Beweis für die Berechtigung Jesu, Sünden zu vergeben, sein, weil Sünde und Krankheit im Grunde genommen als identisch angesehen wurden, so daß die Beseitigung des Symptoms zugleich die des Grundübels war. Die Sündenvergebung war nicht Vorbedingung der Heilung; vielmehr war sie selbst ein Heilungsakt, ebenso wie umgekehrt die Heilung zugleich Sündenvergebung war. In den Berichten über die Heilungswunder Jesu braucht demnach das Vergeben der Sünden nicht ausdrücklich erwähnt zu werden, denn wenn die Gnade des Gesundwerdens geschenkt wurde, war dadurch zugleich die Gottentfremdung getilgt.«[4]

Selbst in Fällen, wo Willkürakte und Unfälle die Menschen heimsuchten, bestätigt Jesus den Strafcharakter der Krankheit und des Todes. Ob Christen oder Nichtchristen, Kranke oder Nichtkranke, sie stehen unter der allgemeinen Sündhaftigkeit und haben den Tod als der Sünde Sold verdient.

Krankheit wird im Neuen Testament an vielen Stellen auf Einwirkung des Satans zurückgeführt. Taubheit, Stummheit, Besessenheit, der »Pfahl im Fleisch« bei Paulus, immer wieder ist davon die Rede, daß Satan seine Hand im Spiel gehabt hat, der die Menschen mit Fäusten schlägt, der sie gebunden hat und übel plagt: »Da war gerade eine Frau anwesend, die schon seit 18 Jahren einen Geist der Schwäche hatte, sie war zusammengekrümmt ... Diese Frau aber, eine Tochter Abrahams, die der Satan schon 18 Jahre lang in Fesseln gehalten hat ...« (Luk. 13,11–17).

An anderer Stelle schreibt Paulus über sich: »Deshalb ist mir auch, damit ich mich nicht überhebe, ein Dorn (oder: Stachel) ins (oder: für das) Fleisch gegeben worden, ein Engel (oder: Sendling) Satans, der mich mit Fäusten schlagen muß« (2. Kor. 12,7).

Heilung erfährt der Mensch durch den Heiland Christus. Im Wirken Jesu waren Verkündigung und Heilen gleichwertig miteinander verbunden. Wie ein roter Faden zieht sich durch das Neue

Testament das Heilen Jesu. Und auf die Frage Johannes des Täufers, ob er der verheißene Messias sei, antwortete Jesus: »Die Blinden sehen und die Lahmen gehen, die Aussätzigen werden rein und die Tauben hören, die Toten stehen auf und den Armen wird das Evangelium gepredigt« (Mt. 11,5). Die Verwirklichung der Gottesherrschaft steht mit auffälligen Heilungen in engster Beziehung. Diese Heilungen waren Siege über den Satan und Zeichen der anbrechenden Königsherrschaft Gottes.
Vor diesem Hintergrund ist die Seelsorge im Namen Jesu eine umfassende Glaubens- und Lebenshilfe. Denn alle Menschen sind nach dem Neuen Testament in ihrer Ganzheit nach Leib, Geist und Seele krank, sie sind Sünder und dem Tode verfallen. Und der Seelsorger hat die Aufgabe, diesen Menschen in ihrer Ganzheit eine *heilende Lebenshilfe* zu gewähren. Genaugenommen im Zusammenwirken von Arzt, Berater oder Psychotherapeut und Seelsorger soll der Mensch seelisch, körperlich und geistig geheilt werden – wenn es Gott gefällt.
Seelsorge gilt dem *einzelnen*, bleibt aber nicht bei dem isolierten Vertrauensverhältnis zwischen Ratsuchendem und Seelsorger stehen, sondern zielt auf die Gemeinschaft innerhalb der Kirche, in der der Ratsuchende sich als angenommen und aufgehoben erfährt.

5. Seelsorge als Glaubens- und Lebenshilfe

In den letzten Jahrzehnten hat sich ein Wandel in der Beurteilung der Seelsorge vollzogen. Stärker als früher wird der ganze Mensch in seiner Existenz vor Gott angesprochen. Die Titeländerung einer Seelsorgezeitschrift macht diesen Umschwung deutlich. Früher hieß sie »Wege zur Seele«, heute nennt sie sich »Wege zum Menschen«.
Die Seelsorge hat sich zur Glaubens- und Lebenshilfe gewandelt. Seelsorge hat ihren Mittelpunkt in Gott, und Jesus Christus ist ihr Auftraggeber.
Das Seelsorgegespräch wendet sich an den *ganzen* Menschen als einer
– Gott ebenbildlichen Person,

- einer gefallenen,
- heilsfähigen und
- heilsbedürftigen Person.

Ziel der Seelsorge mit Blick auf den Ratsuchenden ist es,
- zur totalen Gesundung des Menschen beizutragen,
- eine Glaubens- und Lebenshilfe zu geben,
- dem einzelnen zur persönlichen Erfüllung zu verhelfen,
- die Eingliederung in den Leib Christi zu ermöglichen,
- zur Bewährung in allen Fragen der Weltdeutung und Weltordnung zu gelangen und
- ihn für das wahre Heil aufzuschließen.

Wo die Aufmerksamkeit nur auf das Seelenheil gerichtet bleibt, werden materielles, geistiges und seelisches Wohl vernachlässigt. Der Mensch, der heute zum Seelsorger geht, hat nicht nur Glaubensfragen auf dem Herzen; er möchte nicht nur theologische Probleme klären. Er kommt mit allen möglichen Fragen, die das Leben stellt, mit allen möglichen Schwierigkeiten, die der Alltag bietet. Aber es gilt, alle Probleme der Gesundheit und des Glücks, der Krankheit und des Mißerfolgs, der Sinnentleerung und der Sinnerfüllung, der Unsicherheit der Existenz und der Hoffnungslosigkeit mit der Botschaft der Bibel zu konfrontieren. Denn alle Lebensäußerungen, die positiven und negativen, die erfreulichen und unerfreulichen, haben eine Beziehung zu Gott.

6. Was will die Psychologie in der Seelsorge?

Es gibt nicht wenige Christen, die in der psychologisch orientierten Seelsorge eine Verwässerung des eigentlichen Auftrags erblicken. Sie befürchten, daß die Seelsorge im Vordergründigen und Vorläufigen steckenbleibt. Das kann geschehen – und das ist geschehen. Wesentlich ist die Einstellung des Beraters und Seelsorgers. Zweifellos hat es in der Vergangenheit und Gegenwart Richtungen gegeben, die einer *säkularen Seelsorge* das Wort reden, die *allein* die Störungen, Probleme, Konflikte und Nöte der Seele oder des Menschen im inner-seelischen und zwischen-menschlichen Bereich suchen. Davon soll in diesem Buch nicht die Rede sein. Hier geht es um das fruchtbare Zusammenwirken von Psychologie und Seelsorge.

a) Womit beschäfigt sich die Psychologie nicht?

Als Wissenschaft von der Seele oder vom menschlichen Verhalten beschäftigt sie sich nicht

- mit der Seele in ihrer Beziehung zu Gott,
- mit ihrem Ursprung und ihrer Herkunft,
- mit ihrer Unsterblichkeit.

Die Entwicklung des Seelenbegriffs dürfte auf die unheimliche Beobachtung zurückgehen, daß der Tote ohne Leben, ohne Seele, ohne Bewegung ist. In den griechischen, lateinischen und hebräischen Worten für Seele ist immer von »Hauch« und einer fühlbaren Bewegung die Rede. Theologische und philosophische Fragen, die sich daraus ergeben, gehören nicht zum Forschungs- und Anwendungsgebiet der Psychologie. Sie ist nicht imstande, etwas über die Substanz der Seele und ihre mögliche Beschaffenheit in einer zukünftigen Welt auszusagen.

b) Was kann die Psychologie leisten?

Als wissenschaftliche Disziplin dient sie der Erforschung der *inneren Natur des Menschen*. Sie verwirklicht ihr Forschungsziel durch exakte, methodische Erforschung der Gesetzmäßigkeiten der menschlichen Psyche. Die Quellen der psychologischen Erkenntnis sind:

- die Erfahrung,
- die Selbsterkenntnis,
- die Auswertung biographischer Hintergründe,
- die systematische Beobachtung,
- das Studium des seelischen Ausdrucks,
- experimental-psychologische Versuche,
- Testdiagnostik usw.

c) Das Zusammenwirken von Psychologie und Seelsorge

Die Seelsorge bedarf der Psychologie. Der Seelsorger braucht psychologische Erkenntnisse, wenn er das Wort Gottes zielsicher anbringen will. Seelsorge ist ohne klare Diagnostik verschwommen und oft wenig fruchtbar. Der Seelsorger braucht Kenntnis von Menschen, wenn er die Botschaft des Evangeliums vollmächtig ausrichten will. Jeder Hörer ist anders. Jeder Mensch beurteilt, interpretiert und empfindet die Botschaft anders. Der Seelsorger hat es mit dem »Sitz im Leben« zu tun. Leben ist aber das Zusammenwirken von Leib und Seele.

Darum bedeutet Psychologie *in* der Seelsorge:

- Schwierigkeiten, die der Ratsuchende nicht aus eigener Kraft beiseiteräumen kann, mit Hilfe eines geschulten Seelsorgers zu erkennen und zu überwinden,
- Ängste, deren Hintergründe er nicht kennt, offenzulegen,
- echte und falsche Schuldgefühle zu unterscheiden,
- infantile Schuldgefühle nicht überzubewerten,
- Unlust, deren Motive er nicht versteht, zu hinterfragen,
- Hoffnungslosigkeit, deren Ursachen ihm verborgen sind,
- Fanatismus, den er nicht ablegen kann,
- Rechthaberei, die er nicht durchschaut,
- ungeistliche Gesetzlichkeit, die er für biblisch hält,
- Jähzorn, den er nicht unterbringen kann,
- auch verborgene Absichten und Ziele auf Hintergrundgedanken abzuleuchten und – wenn es gelingt – aus dem Weg zu räumen.

Jetzt kann der Mensch vielleicht wieder auf die Botschaft hören. Er kann die Botschaft von Christus offener und ungestörter empfangen. Neurotiker und Psychotiker können nicht hören.

Wenn ein Ratsuchender viele Male hintereinander – und zwar in kurzen Abständen – den Seelsorger wegen Vergebung einer bestimmten Sünde aufsucht, die ihm schon einige Male im Namen Jesu zugesprochen worden ist, liegt vermutlich eine Angstneurose vor. Der Ratsuchende sollte wieder den Seelsorger aufsuchen, wenn er in therapeutischer Behandlung war. So können sich Therapie und Seelsorge hilfreich ergänzen.

Das schließt nicht aus, daß eine psychologische Schulung für den Seelsorger *auch* hinderlich sein kann. Psychologische Kenntnisse können ihm den Blick verstellen für die Gefahr,

- überall die Hintergründe offenlegen zu wollen,
- ständig eine Diagnose stellen zu wollen,

- fortlaufend Zusammenhänge, die er glaubt erkennen zu können, vor dem Ratsuchenden zu interpretieren
- und damit seine Überlegenheit und fachliche Qualifikation jenseits des Seelsorgeauftrags zu zeigen.

Trotz allem gilt: Für jeden Seelsorger ist eine gute psychologische Schulung von Bedeutung. Sie ist ihm ein notwendiges Hilfsmittel. Aber die Psychologie darf nicht zum Selbstzweck und die Seelsorge darf nicht zur psychologischen Technik abgewertet werden.

7. Seelenheil und seelische Heilung

Psychotherapie und Seelsorge sind verschiedene Dinge. Es handelt sich um grundverschiedene Richtungen mit grundverschiedenen Zielen.

Dem Seelsorger geht es um *geistliches* Leben, dem Therapeuten geht es in erster Linie um *seelisches* Leben.

Anders ausgedrückt: Aufgabe der Psychotherapie bzw. der psychologischen Beratung ist die *seelische Heilung*, sie hat es also mit Seelen-*Heilkunde* zu tun. Aufgabe der Seelsorge ist das *Seelenheil*, und sie hat es mit *Seelenheil*-Kunde zu tun.

Der Psychotherapie geht es darum, den Ratsuchenden, den Patienten von krankhaften Spannungen, von störenden Hemmungen, von hinderlichen Komplexen und Fehlhaltungen zu befreien. Er soll sein seelisches Gleichgewicht zurückerlangen, wieder lebens- und genußfähig werden, sich gelöst in die menschliche Gesellschaft (Beruf, Ehe und Familie) einfügen. An den Therapeuten wendet man sich in ernsten Lebenskonflikten. Hier wird ein spezielles Sachverständnis erwartet. Außerdem erwartet der Ratsuchende, daß der Therapeut viele Gesprächsstunden für ihn erübrigen kann.

Der Psychotherapeut beschäftigt sich mit dem *diesseitigen Heil* des menschlichen Lebens.

Der Seelsorger verkündigt das *Heil der Seele* aus der Kraft des Evangeliums.

Die neutestamentliche Seelsorge will geistliche Güter vermitteln mit dem Ziel der Erlösung von Sünde und Schuld.

Die Psychotherapie will von Hemmungen und *falschen* Schuldgefühlen befreien.
Während in der Beratung der Psychotherapie im allgemeinen zwei Partner zu Worte kommen, sind in der Seelsorge drei Partner beteiligt. Der lebendige Gott ist als Dritter gegenwärtig.
Der Seelsorger denkt u. a. auch an die seelische Gesundheit, und der Therapeut kann an die existenziellen Voraussetzungen von Angst, Sinnlosigkeit und Schuld herangehen. Ist der Psychotherapeut Christ, dann kann er sich in seiner Existenz nicht *zerschneiden*, aber er kann in der Arbeit unterscheiden. Er kann mit dem Ratsuchenden über seine wiedererlangte seelische Gesundheit hinaus nach dem Sinn des Lebens, nach seinem Verhältnis zu Gott fragen. Wozu diente ihm die Krankheit? Wozu dient ihm die wiedererlangte seelische oder körperliche Gesundheit? Wozu dient ihm sein wiedererstarktes Selbstwertgefühl? Wozu dient ihm sein abgebautes Minderwertigkeitsgefühl? Nur wenn der Therapeut Christ ist, kann er solche *letzten Fragen* mit dem Klienten durchsprechen. Normalerweise überschreitet es die Kompetenz des Therapeuten, mit dem Klienten über seine existenziellen Voraussetzungen wie Angst, Sinnlosigkeit und Schuld, denen jeder Mensch unterworfen ist, zu verhandeln.
Beide Bereiche dürfen nicht miteinander vermischt werden. Aber sie lassen sich auch nicht mit dem Seziermesser trennen. Die Technik der Therapie ist zunächst eine gott-lose Methode. Sie sollte es auch bleiben. Die Therapie hat eine heilende Funktion, aber sie schafft kein Heil. Sie hat das Wohl des Menschen im Auge und nicht seine Rettung. Wie der Therapeut seine Aufgabe auch als Christ wahrnehmen kann und wie beide Bereiche einander zugeordnet sind, beschreibt die Hamburger Psychotherapeutin Maielies Hirsch:
»Das Beieinander von Psychotherapie und Glaube ist für mich natürlich zunächst gegeben in meiner persönlichen *Existenz*, in meinem Selbstverständnis als Ärztin und in der Motivation meiner therapeutischen Praxis. Eine ständige Gefahr unseres Helfens besteht in der Resignation. In dieser Situation wird der christliche Glaube für mich unmittelbar und existenziell wichtig: Die Triebkraft der Liebe und die Zugkraft der Hoffnung machen zusammen die Motivation meines psychotherapeutischen Berufes aus.«[5]

Der Psychotherapie geht es um den Menschen, sie ist *anthropozentrisch* eingestellt. Die Seelsorge ist *theozentrisch* ausgerichtet, ihr geht es darum, daß der Mensch Frieden mit Gott bekommt und sich ihm zugehörig weiß. Dem Menschen soll in seiner *inneren* und *äußeren* Not geholfen werden. Darum fassen wir das Ganze so zusammen, wie es H. Faber und E. van der Schoot formuliert haben:
»Lediglich ihr (des Seelsorgers und des Therapeuten) Blickpunkt ist verschieden: Der eine sieht auf das Heil, der andere auf die Gesundheit. Beide aber wissen, daß diese Abgrenzung niemals eine Scheidung bedeutet. Auch der Pastor kann durch seelsorgerliche pastoral-therapeutische Gespräche der leiblichen und geistigen Gesundheit des anderen dienen. Ebenso ist es möglich, daß der Arzt durch seine vielleicht medizinisch-therapeutischen Gespräche indirekt zum Heil des anderen beiträgt, weil dieser durch den Einfluß der Behandlung zum Beispiel innerlich freier und – psychologisch gesprochen – besser zu einer echten Glaubensentscheidung imstande ist.«[6]

8. Ratlosigkeit in der modernen Gesellschaft

Seit es Menschen gibt, hat der Mensch um Rat gefragt. Und seit der Urzeit gibt es Ratgeber. Kinder suchen Rat bei Eltern, Eltern suchen Rat bei vertrauenswürdigen Menschen. Pfarrer und Priester sind seit eh und je bevorzugte Ratgeber gewesen. Herrscher umgeben sich mit Ratgebern. Wo Not, Konflikte und Probleme auftauchen, schaut der Mensch nach Hilfe aus. Er muß Entscheidungen treffen und spricht sie mit Menschen, die ihm Beistand bedeuten, durch.
Verstärkt tauchen in unserer pluralistischen Gesellschaft Beratungsprobleme auf. Unser Leben wird immer komplizierter. Der Ruf nach dem Fachmann ertönt von allen Seiten. Beratung wird auf allen Lebensgebieten groß geschrieben. Ratlosigkeit taucht auch in verschiedenen Fachbereichen auf. In der Industrie, in der Schule, in der Kirche, in allen möglichen Institutionen wachsen die Beratungsprobleme. Unsere technische Welt wird immer undurch-

schaubarer, für den einzelnen Menschen immer unheimlicher. Angst und Unsicherheit verstärken sich. Die Hilflosigkeit wächst. Der Mensch hängt in der Luft. Er braucht Hilfe und Beistand. Neue Berater-Berufe schießen wie Pilze aus dem Boden. Es gibt Steuerberatung, Wirtschaftsberatung, Rechts-, Berufs-, psychologische, erzieherische, Erholungs-, Verkehrs- und Ernährungs-Beratung.

Die Rat- und Beistandsbedürftigkeit des Menschen wird deutlich in den Abschiedsreden Jesu. Er kannte das Verlassensein des Menschen, seine Einsamkeit und Hilflosigeit. Jesus wußte, daß der Mensch auf Beistand angewiesen ist, und sagte den Zurückbleibenden:

»Ich will den Vater bitten, und er wird euch einen anderen Helfer geben, daß er für immer bei euch sei: Der Geist der Wahrheit« (Joh. 14,16).

9. Rat und Beratung

Beraten enthält das Stammwort *raten*. Und das meint, sich etwas zurechtlegen, überlegen, ausdenken, Vorsorge treffen und für etwas sorgen. Raten meint auch vorschlagen, empfehlen, erraten und deuten. Ein Rat ist eindeutiger und zwingender als eine Beratung. Der Rat enthält einen Vorschlag, eine Aufforderung, eine mehr oder weniger zwingende Empfehlung. Der Rat beinhaltet eine Warnung oder eine Ermutigung, eine Ablehnung oder eine Bekräftigung. Der Rat enthält Suggestives. Davor müssen sich Seelsorger und Berater hüten. Die Entscheidungsfähigkeit des Ratsuchenden wird eingeschränkt. Rat zu erteilen, kann nur hilfreich sein, wenn der Hilfesuchende ein sehr schwach entwickeltes Selbstvertrauen besitzt, wenn er zu keinem Willensentschluß fähig ist, wenn seine Vorstellungen und Gedanken mehr als verworren erscheinen – und wenn er in Gefahr gerät, eine Dummheit, einen entscheidenden Fehler zu begehen oder durch Nichtstun Schaden heraufzubeschwören. So kann der eindeutige Rat darin bestehen, möglichst bald einen Arzt aufzusuchen.

In der Beratung erscheint eine Frau in mittleren Jahren und klagt über eine gesteigerte Erregbarkeit, es ärgere sie die Fliege an der Wand und sie könne bei Kleinigkeiten aus der Haut fahren und sich abnorm aufregen.

»Mein Mann hat schon die Scheidung erwogen. Es gibt täglich Streit. Nachts kann ich nicht mehr schlafen und tagsüber bin ich müde und abgespannt. Nun muß ich allerdings sagen, daß ich seit einem halben Jahr erheblich an Gewicht verloren habe und meine Nerven nicht mehr in Fett gebadet sind« (sie lacht).

Das Gespräch ergibt, daß sie ungewöhnlich stark schwitzt, daß sie sich einige Male am Tag umziehen muß und über lästigen Haarausfall klagt.

Die genannten Symptome deuten darauf hin, daß sie eine Schilddrüsenüberfunktion hat. Der Gewichtsverlust, Schlaflosigkeit und die überstarke Erregbarkeit scheinen die Vermutungen zu bestätigen.

Hier kann man nur vorsichtig anraten, sich gründlich ärztlich untersuchen zu lassen, um gleichzeitig den medizinischen Aspekt ihres Konfliktes klären zu lassen.

Den Hintergründen einer Übererregbarkeit sollten wir in jeder Weise nachgehen. Als medizinische Laien können wir uns irren. Niemand sollte bei solchen angedeuteten Symptomen von einer seelsorgerlichen Beratung die eigentliche Hilfe erwarten. Allerdings hüten wir uns auch, die Vermutung im Ratsuchenden zu nähren, durch die Behandlung einer vermuteten Schilddrüsenüberfunktion sei die eigentliche Problematik gelöst.

Für den Seelsorger bleibt zu beachten, daß er den Rat *anbieten*, aber nicht *durchsetzen* kann. Der Ton macht die Musik. Man kann nicht mit bestimmten Forderungen seinem Rat Nachdruck verleihen. Etwa so:

»Es geht mich zwar nichts an, aber seien Sie mir nicht böse, wenn ich Ihnen dringend rate ...«

In der Formulierung liegt eine starke Empfehlung, nahezu ein Befehl. Will der Ratsuchende überhaupt mit gutem Gewissen wieder beim Seelsorger und Berater erscheinen, muß er den Arzt aufgesucht haben. Bewußt oder unbewußt wird Druck ausgeübt.

Beratung ist etwas anderes als Rat geben. Beratung *ist ein Prozeß*, keine unmittelbare Antwort auf eine Frage. Die Beratung wendet sich ausdrücklich an das Unterscheidungsvermögen des Ratsuchenden. Der Berater erteilt keinen Rat – von daher ist die Berufsbezeichnung äußerst fragwürdig. Der Berater bietet keine Rezepte an, weder aufgrund seiner fachlichen Qualitäten noch auf Grund seiner Autorität.

Der Seelsorger muß der Versuchung widerstehen,

- seine Maßstäbe für andere verbindlich zu machen,
- mit seiner Einsicht an die Einsicht des Gegenübers zu appellieren,
- seinen Einfluß geltend zu machen, um den anderen zu beeinflussen und
- seine Einstellung dem anderen überzustülpen.

Der Berater will nicht *für* den Klienten entscheiden, er will ihm beim Enträtseln seiner Probleme helfen. So wie sich der Ratsuchende dem Berater ausliefert, liefert sich der Berater dem Ratsuchenden aus. Beide sind engagiert und versuchen *gemeinsam*, im gegenseitigen Vertrauen die Probleme zu erhellen.

Beratung meint nicht, einen Ratlosen zu überreden und ihn mit sanftem Druck zu veranlassen, die empfohlenen Lebensrezepte widerspruchslos zu übernehmen.

Beratung will nicht überreden, will nicht mit Autorität überzeugen, will nicht die Entscheidungsfähigkeit des Ratsuchenden beschneiden und einengen. Der Ratsuchende erfährt im Gespräch mit dem Berater, was er selbst ist, welche Wahl er zwischen vielen Möglichkeiten selbst treffen muß und wie ihm seine Entscheidung erleichtert wird.

Wenn Beratung so etwas wie Entscheidungs-Hilfe ist, dient sie gleichzeitig einer Erziehung zur Verantwortung. In diesem Sinne hat Beratung auch einen erzieherischen Aspekt. Wo es dem Berater gelingt, den Klienten zu ermutigen, sich nicht nur bei seinen konkreten Problemen voll verantwortlich zu entscheiden, sondern auch im weiteren Leben entscheidungsfreudiger und verantwortungsbewußter und selbständiger zu handeln, ist seine Beratung im erzieherischen Sinne erfolgreich verlaufen.

10. Was ist der Sinn der Beratung?

Es geht um Rathalten und Beratschlagen. Das beratende Gespräch ist also ein Prozeß des Abwägens. Zwei Partner sitzen sich gegenüber und durchdenken gemeinsam ein Problem. Lösungsmöglichkeiten werden diskutiert. Lösungsmöglichkeiten werden auf ihr Für und Wider abgetastet.

Zusammenfassend kann man den Sinn der Beratung definieren als Hilfe für einen anderen Menschen,

- sein Selbstverständnis zu vertiefen,
- sich ehrlicher zu erkennen und anzunehmen und zu größerer Wahrhaftigkeit zu gelangen,
- den Sinn seines Lebens besser zu erkennen,
- weniger abhängig zu sein,
- weniger überheblich zu sein,
- sich ungezwungener zu verhalten,
- sich weniger leicht zu erregen,
- harmonischer mit den nächsten Menschen umgehen zu können,
- mit seinen Mitmenschen ungestörter zu verkehren,
- sich toleranter zu geben und toleranter zu sein,
- sich mehr um das Wohl des anderen zu kümmern, die Rechte, Wünsche, Bedürfnisse des anderen zu respektieren,
- eine größere persönliche Reife zu erlangen,
- unbewußte Absichten und Ziele zu erkennen und notfalls zu korrigieren,
- Änderungen eines Partners, die sich in seinem Charakter vollzogen haben, zu akzeptieren,
- und die Fähigkeiten zu erwerben, sein Leben verantwortlich zu führen.

11. Erwartungen des Ratsuchenden

Es gibt viele Erwartungen, die der Ratsuchende an den beratenden Seelsorger heranträgt. Es können

- bewußte und unbewußte,
- vorgeschobene und untergeschobene,

- reale und irreale Erwartungen

sein.

Der Ratsuchende braucht beispielsweise

- eine Bestätigung, daß er im Recht ist,
- einen persönlichen Beistand *gegen* seinen Partner, *gegen* die Familie, *gegen* die Eltern, *gegen* die Lehrer und Erzieher,
- einen unparteiischen Schlichter in Konflikten und ausweglosen Auseinandersetzungen,
- einen Menschen, der ihm als Fürsprecher dient,
- einen Sündenbock zur persönlichen Entlastung.

Alle diese offenen oder versteckten Erwartungen sollte der Seelsorger *kritisch* hören. Nicht alle zweifelhaften Motive wird er erkennen. Hat er aber kein Ohr für die Unter- und Zwischentöne, kann er schnell zum blinden Blindenleiter werden.

Berater und Seelsorger müssen sich hüten, zu werten und zu urteilen. Was reale und irreale, wirkliche und illusionäre Erwartungen sind, darüber kann man verschiedener Meinung sein. Was geschieht aber, wenn wir uns in die Rolle des Richters, des weisen Schlichters hineinmanövrieren lassen? Werden wir nicht den einen Partner gegen den anderen ausspielen? Werden wir nicht zum Bündnispartner mißbraucht? Wir werden beispielsweise den Konflikt einer Ehe vergrößern, die Spannungen vermehren und wahrscheinlich *beide* Partner aus der Beratung verlieren.

Zusammenfassend kann man so definieren: *Beratende* Seelsorge ist keine säkulare Beratung, sie ist aber auch kein untergeordnetes Organ der Seelsorge als Verkündigung. Beratende Seelsorge im umfassenden Sinn hat es mit dem ganzen Menschen zu tun, mit seinem *Heil* und mit seiner *Heilung*. In dem Sinn ist Beratung auch evangeliumsorientierte Lebenshilfe oder sachliche Seelsorge.

12. Beratende Seelsorge und Beichte

Beichte ist mehr als ein Sich-aussprechen. Beichte ist mehr, als sich den Staub von der Seele wischen. Viele glauben, die Beichte sei in der evangelischen Kirche abgeschafft. Evangelische Beichte gehört aber hinein in den Kampf des Christen gegen das Böse. Beichten heißt so viel wie bekennen, und bekennen setzt ein Anerkennen und Erkennen voraus. Sprachlich kommt Beichte von dem althochdeutschen *Bejicht* = bejahen. Was bejaht werden soll, versteht sich von selbst, nämlich Schuld. Wer sich zu Christus bekennt, muß seine Sünde *bekennen* können.

In der katholischen Kirche ist die Beichte ein Sakrament. Der an Gottes Stelle stehende Priester spricht den reumütig Bekennenden von Sünde frei. Als Mittler zwischen Gott und den Menschen vermittelt er ein starkes Sicherheitsgefühl, Gott ist sozusagen in der Beichte persönlich anwesend.

Beichte ist etwas Positives. Es ist von daher zu beachten, daß grundsätzlich von Vergebung die Rede ist. Denn das Wichtigste ist die Absolution, die Freisprechung, die Vergebung. Beichte ist darum ein fröhliches Geschäft.

Viele Menschen meinen, sie könnten ihre Schuld Gott persönlich beichten. Das falle leichter, als sie einem Menschen zuzugeben. Sicher, das Bekenntnis vor einem Menschen demütigt; aber es hilft auch. Wer seine Probleme in seinem Innersten mit Gott allein abmachen will, kann sich selbst betrügen, indem er sie mit sich selbst abmacht, kann feige und bequem werden. Von daher ist das seelsorgerliche Gespräch verbunden mit der Beichte ein hilfreicher Vorgang. »Bekennet einander die Sünden und betet füreinander, damit ihr gesund werdet«, schreibt Jakobus (5,16).

13. Reinigung und Läuterung

Eine enge Beziehung zur Beichte hat die Katharsis, die Reinigung, die Läuterung. Unter Katharsis verstehen wir, daß der Ratsuchende die Möglichkeit erhält, sich auszusprechen, sich abzureagieren, Dampf abzulassen.

Das Sich-aussprechen-Wollen muß keinen Beichtcharakter tragen. Nur wo vor dem Angesicht Gottes Sünde bekannt, im Namen Jesu gehört und vergeben wird, ist von Beichte die Rede. Und doch hat jede Beichte auch eine kathartische Wirkung und bringt Entspannung, Klärung und Erleichterung.

Im Rahmen eines Beichtgesprächs kann es daher zu erheblichen

Entspannungen und zum Wiedererlangen von verlorener Gemeinschaft kommen. Der Ratsuchende wird von seiner Unfreiheit, seiner Einsamkeit und Isoliertheit, in die er geraten ist, befreit. Die Belastung ist ihm abgenommen. Selbstvertrauen hat er zurückgewonnen. Sein Gemeinschaftsgefühl bekommt Auftrieb. Er erlebt sich frei und gewinnt eine neue Nähe zu den Menschen und zur Gemeinde.

Die Beichte wirft für den beratenden Seelsorger einige Probleme auf. Besonders wenn *neurotische* Schuldprobleme auftauchen, die gebeichtet werden, ist der Seelsorger zu größter Vorsicht gerufen. Es kann sich um *unechte* Schuldgefühle handeln, die der Seelsorgesuchende aber als echt und belastend empfindet. Wir dürfen sie ihm nicht einfach ausreden wollen. Damit würden wir unser Gegenüber nicht ernst nehmen und abweisen. Nimmt sie der Seelsorger aber zu ernst, kann es geschehen, daß die Schuldgefühle verstärkt werden. Der Ratsuchende geht belasteter und bedrückter weg, als er gekommen ist. Sein überängstliches Gewissen vergrößert die Anstrengungen und hält sich die Verfehlungen gehäuft vor. Wir dürfen seine Schuld also weder einfach verharmlosen noch zu ernst nehmen. Hilfreich ist es, wenn es dem Seelsorger gelingt, den Ratsuchenden selbst erkennen zu lassen, daß seine überspitzten Schuldgefühle eine lange Geschichte haben und wie sie in der Biographie des Menschen beheimatet sind. Die Erhellung solcher oft infantiler Schuldgefühle kann entlasten und von unangenehmen Zwängen befreien.

Wenn jemand beichtet, um Absolution zu erhalten, dann ist er oft unfähig, die verborgenen Sünden zu beichten. Sowohl der Beichtende als auch der Seelsorger mögen niemals die Hintergründe der Sünde aufgedeckt, die eigentlichen Wurzeln des Unkrautes angetastet haben. Der Beichtende reißt ehrlich Blätter und Blüten des Unkrautes oberhalb der Erde ab, die Wurzeln bleiben unentdeckt.

14. Wenn die Beichte zur Selbsttäuschung wird

Viele Schuldbekenntnisse verlaufen deshalb routinemäßig. Die Gewissenserforschung ist oberflächlich. Dafür bekommt die Reue eine dramatische Zuspitzung. Aus dem Verworfenheitsgefühl entwickelt sich ein Gefühl der Erlösung – ein Gefühl, wiedergeboren zu sein. Je stärker die Gewissensqual zum Ausdruck kommt, desto befreiter kann sich der Beichtende wieder erheben. Er hat »Buße in Sack und Asche« getan und zerknirscht seine Sünde gebeichtet. Seine Gefühle haben ihm eine Befreiung vorgegaukelt. Die Gewißheit der Vergebung ist aber keine Gefühlsfrage, sondern das Vertrauen auf die Zusage und die Verheißung Gottes, der einem Menschen, der Buße tut, die Schuld vergibt.

Es besteht kein Zweifel, der Beichtende hat vor Gott und Menschen seine subjektiv ehrliche Absicht bezeugt, reinen Tisch zu machen – und doch hat er sich einen Streich gespielt. Unbewußt hat er vor Gott und den Menschen seine Reue dramatisiert. Er hat alles darangesetzt, um Frieden zu finden. Und doch war es ein Selbstbetrug. Was wollte er mit der Selbstzerknirschung bezwecken? Welche geheime Absicht läßt der Beichtende nicht ins helle Licht des Bewußtseins? Er brauchte die Zerknirschung und damit die Versöhnung, um einer *unentdeckten Sünde* weiter frönen zu können.

Ein Prediger überweist mir einen Mann in mittleren Jahren, der bei ihm regelmäßig in die Seelsorge und zur Beichte gekommen ist. Die Beichte ist dem Mann jeweils nur für ganz kurze Zeit zur Befreiung geworden, aber die Unbefangenheit und Gelöstheit eines wirklichen Christen hat er nie erfahren. Der Mann kommt gern, ohne vom Prediger überredet zu sein, und erwartet von mir beraterische Hilfe. Er kann sein Problem weder formulieren noch etwaige Hintergründe erkennen. Flüssig und gelockert berichtet er über seinen Beruf, seine eindeutige Haltung und Stellung als Christ, über seine Kinder, seine Jugend und stockt plötzlich, als er über seine Frau berichten will. Er räuspert sich oft, die Stimme verschlägt ihm, er rückt unruhig auf seinem Stuhl hin und her und zwingt sich, gelassen zu wirken.

Er: »Wissen Sie, es ist mir sehr peinlich, Ihnen sagen zu müssen, daß meine Frau zwei Jahre lang ein intimes Verhältnis mit dem Nachbarn in unserem Mietshaus gehabt hat.«

Ich: »Das hat Sie offensichtlich sehr erschüttert.«

Er: »Ich war am Ende und habe mich selbst angeklagt, was ich falsch gemacht haben könnte, was ich versäumt haben könnte (kleine Pause). Als ich dahinter kam, hatte sie das Verhältnis abgebrochen. Diese schreckliche Erfahrung hat irgendwie meinen Glauben auf eine neue Ebene gerückt.«

Ich: »Können Sie das etwas konkreter sagen?«

Er: »Ich merkte, daß mein Glaube viel zu oberflächlich war, daß ich als Christ in den Tag hineingelebt hatte, daß ich ihr kein Vorbild war und mich ändern mußte.«

Ich: »Die schreckliche Erfahrung hat also Ihren Glauben erschüttert, und Sie wollten sich ändern?«

Er: »Ich habe mich geändert. Mein sündhaftes Leben habe ich in der Seelsorge aufgezeigt. Die tausend Ketten und Versuchungen habe ich vor Gott ausgebreitet.«

Ich: »Und Sie sind frei geworden?«

Er: »Das ist es ja, die Buße hat mich befreit und doch nicht befreit. Ich bin erlöst und doch nicht erlöst, ich bin glücklich und unglücklich zugleich.«

Was ist geschehen? Der Ratsuchende hat Seelsorge und Beichte unbewußt *benutzt*, um sich über seine Frau zu stellen. Er fühlte sich ihr als Mann unterlegen. Die Frau führte und gab den Ton an. Er kam sich schwächlich vor und reagierte nach dem zweiten Kind mit Impotenz. Aus Angst vor der Angst des Versagens mied er jeden Verkehr und ermöglichte auf diese Weise das ehebrecherische Verhalten seiner Frau zum Nachbarn.

Um unbewußt Kapital aus der Schwäche seiner Frau zu schlagen, wandelte er sich zum vorbildlichen Christen. Moralisch war er ihr überlegen. Sie dominierte zwar auf allen Lebensgebieten, nur im Glauben konnte sie ihm nicht das Wasser reichen. Die Frau trat aus der Kirche aus und wollte mit allen »religiösen Mätzchen«, wie sie es schilderte, nichts mehr zu tun haben. Er konnte und wollte ihr nicht vergeben, weil sie als Ungläubige eine gemeinsame Basis mißachtete. In der Seelsorge und Beichte dramatisierte er alle möglichen Sünden, um von der eigentlichen Sünde an seiner Frau abzulenken. Geschickt hatte er die Aufmerksamkeit auf viele kleine wunde Stellen gelenkt, die im Gespräch und der Beichte mit dem Seelsorger ins volle Scheinwerferlicht Gottes gestellt wurden, um von der Hauptsünde gegen seine Frau abzulenken. Der Ratsuchende hatte sich selbst und den Seelsorger an der Nase herumgeführt. Erst als der Mann seinen versteckten Pharisäismus erkannte und beichten konnte, gab es einen Umschwung im Verhältnis der Eheleute. Die Frau konnte sogar aus freier Überzeugung ihren Kirchenaustritt rückgängig machen.

Kapitel 3

Therapeutische Seelsorge bearbeitet die Beweggründe

»Der Mensch hält alles, was er tut, für richtig: Gott aber prüft die Beweggründe« (Sprüche 16,2).
In der Seelsorge und in der therapeutischen Arbeit spielen Beweggründe und Motive eine große Rolle. Es wird nach *hinten* gefragt, nach den Ursachen, und es wird nach *vorne* gefragt, nach den Zwecken, nach den Zielen, nach den *verborgenen Absichten* menschlichen Handelns und Verhaltens.
Wie lauten die verschwiegenen Leitgedanken?
Wie heißen die unerkannten Antriebe?
Warumfragen begegnen uns auf allen Gebieten: in der Politik, im täglichen Leben, bei Krankheiten und angesichts des Todes.
Warum ist die Sowjetunion zusammengebrochen?
Warum kommen die Völker Jugoslawiens nicht zur Ruhe?
Warum hat das Kind mit fünf Jahren Krebs bekommen?
Fragen über Fragen.
Der Mensch ist ein Fragender, das unterscheidet ihn vom Tier. Er fragt nach seinem Woher und Wohin. Er fragt ständig nach Gründen und Motiven. Im Prinzip will er nicht kopflos handeln. Im wesentlichen sucht er Antwort auf sämtliche Zusammenhänge, auf die Frage – wie Goethe es ausdrückt, ». . . was die Welt im Innersten zusammenhält.«
In diesem Zusammenhang bietet das Wort aus den Sprüchen Salomons einige Gedankenanstöße.

Gedankenanstoß 1:
Der Mensch hält alles, was er tut, für richtig und rein.
Das ist eine knappe und herausfordernde Feststellung. Der Mensch ist in der Tat von seiner Partnerwahl, von seiner Kindererziehung, von der Wahl seines Berufes, von seinen selbstgetroffenen Lebensentscheidungen angetan. In der Kindheit ist er von seinem Tun

überzeugt. Hat er Erfolg, fühlt er sich bestätigt. Hat er Mißerfolg, hat er sich geirrt oder macht andere dafür verantwortlich.

Selbst der *Kranke* ist von seinen Entscheidungen überzeugt.

Da fällt eine Frau in schwere Depressionen. Der Psychiater diagnostiziert eine *endogene Psychose.* Was ist damit verbunden? Es bedeutet,

- daß die Frau in ihrem *pessimistischen* Denken gefangen ist;
- daß sie *alles negativ* sieht, und das Schlimmste erwartet;
- daß sie *hoffnungslos* und *resigniert* alle Brücken abbricht.

Sie trifft in dieser schweren Depression einige lebenswichtige Entscheidungen, die nicht mehr rückgängig zu machen sind. Sie läßt sich von ihrem Mann scheiden und gibt eine gute Stellung als Journalistin bei einer Zeitung auf. Die Depression hat ihren klaren Blick getrübt. Sie schaut durch eine dunkle Brille und erlebt alles, ihren Beruf, ihre Ehe und ihr Leben als tragisch und trostlos.

Alle Hilfe und Ratschläge von guten Freunden und Bekannten schlägt sie in den Wind. Sie hält ihr Tun für richtig. *Gesunde* und *Kranke* sind jeweils von ihren Entscheidungen überzeugt. Das ist eine schwerwiegende Erkenntnis. Und weil das so ist, gibt es in Ehen, in Familien, im Berufsleben und im zwischenmenschlichen Zusammenleben so viele Mißverständnisse und Auseinandersetzungen. Zwei Menschen reiben sich aneinander,

- weil jeder von seiner *Meinung* nicht abzubringen ist,
- weil jeder *glaubt*, er könne nicht aus seiner Haut,
- weil jeder seine *Ansicht* für die bessere hält.

Und je hartnäckiger jemand seine Meinung durchboxt, desto häßlicher sind die Auseinandersetzungen. Darum wird in vielen Partnerschaften gekämpft. Darum wird in vielen *Beziehungen* gelitten. Darum wird in vielen *Familien* ein Kranker produziert. Der Stärkere dominiert und unterdrückt den Schwachen. Der Rechthaber vergewaltigt den Angepaßten. Womit hängt das zusammen? Antwort:

- Jeder Mensch hat seinen ganz bestimmten Lebensstil, der ihn kennzeichnet und den er sich bis etwa zum 6. Lebensjahr schon zu eigen gemacht hat.
- In diesem Lebensstil sind seine Erfahrungen mit Eltern und Geschwistern einprogrammiert.

- In diesem Lebensstil sind seine Erfahrungen mit Männern und Frauen verarbeitet.
- In diesen Lebensstil sind Vorurteile, positive und negative Beobachtungen, die den Menschen geprägt haben, hineingewoben worden.

Und diese Vorurteile, diese Erfahrungen und subjektiven Bewertungen können wir nicht einfach abschütteln. Sie kennzeichnen und beeinflussen uns. Und der Mensch hält diese Wege und Erfahrungen für rein und richtig, für lauter und überzeugend.

Aber auch das andere gilt: Viele halten ihre Handlungen für falsch und ungenügend. Denn auch das erleben wir in der Seelsorge. Es sind Menschen,

- die völlig *entmutigt* sind,
- die glauben, daß ihr Handeln *falsch* ist,
- die sich als *Versager* sehen,
- die sich als *dumm* einschätzen und alle Handlungen in Zweifel ziehen.

Ihr Lebensstil könnte lauten:

- Ich *bin* nichts,
- ich *kann* nichts,
- ich *tauge* nichts.

Eine vernichtende Selbstkritik, eine vernichtende tendenziöse Apperzeption, also eine vernichtende subjektive Selbstdeutung, die objektiv genauso falsch ist. Woher kommt das? Eine *Möglichkeit*: Der Mensch wurde als Kind ständig kritisiert, die Erzieher glaubten nicht an ihn, und das Kind lernte *nicht*, an sich zu glauben. Den Menschen plagt noch als Erwachsener ein chronischer Selbstzweifel.

- Er blockiert sich,
- er lähmt sich,
- er glaubt nicht an sich,
- er fühlt sich als Versager,
- er trifft keine Entscheidungen mehr, sie taugen ja doch nichts.

Gedankenanstoß 2:
Wenn wir unser Handeln verstehen wollen, müssen wir unsere Motive durchschauen lernen.
Eine afrikanische Christin wurde gefragt: »Warum liest du eigentlich immer die Bibel?« Und sie antwortete: »Ich lese nicht nur die Bibel; ich lese auch andere Bücher. Aber nur dieses eine Buch, die Bibel, liest mich.« Was heißt das?
Die Bibel deckt meine geheimen Gedanken und Vorstellungen auf. Sie durchforscht mich, sie hinterfragt mich und meine Motive, sie durchleuchtet die Abgründe meiner Seele.
Das Wort Gottes ist wie ein Spiegel, in dem ich mich vom Scheitel bis zur Sohle durchschauen kann. Wer sein Handeln verstehen will, muß sich mit seinem Denken auseinandersetzen. Die wenigsten Handlungen geschehen *ziellos* oder *planlos*. Oft *scheint* es nur, als hätten wir ohne Überlegung gehandelt. Tief im Innern stecken
- *Überzeugungen*, die uns leiten,
- *Fantasien*, die unser Tun bestimmen,
- *Wünsche*, die unser Tun beflügeln.

Schon die stoischen Philosophen vor einigen tausend Jahren formulierten: »Der Mensch ist das, was er denkt.« Jeder Mensch wird von Zielen und Motiven gesteuert. Sie bestimmen unseren Charakter, und sie kennzeichnen unsere Persönlichkeit.
Wer seine Machtkämpfe in der Ehe verstehen will, wer eine Antwort sucht auf die Pubertätsmagersucht seiner Tochter, wer die Aufopferungsbereitschaft der Mutter einordnen möchte und das Streßulcus des Vaters begreifen will, der muß eine intensive Selbsterforschung betreiben, um den unverstandenen Motiven auf die Spur zu kommen. Nur wer seine Motive kennt, seine verborgenen Ziele und Absichten, kann Buße tun, kann seine Gesinnung verändern, kann seine Lebenseinstellung korrigieren.

Gedankenanstoß 3:
Wenn wir unsere Motive durchschaut haben, können wir liebevoller miteinander umgehen.
Ich habe das immer wieder in der Ehe- und Familienberatung erlebt. Männer und Frauen, die das Verhalten des Partners oder des Kindes einordnen und begreifen können, zeigen mehr Verständnis

füreinander. Liebe ist eine Frage des Verstehens. Liebe ist eine Frage des Einfühlens. Wir handeln oft anders. Mit aller Gewalt versuchen wir, die uneinsichtigen Reaktionen des anderen zu bekämpfen.
Da wird der älteste Junge mit Liebesentzug und Fernsehverbot bestraft, weil er seine jüngere Schwester nicht mag. Die Tochter ist Mutters Liebling. Die Mutter versteht die Eifersucht des ältesten Kindes nicht.
Der Junge fühlt sich entthront, von der Mutter im Stich gelassen und nicht geliebt. In der Schwester vermutet er den Sündenbock und kämpft mit allen Mitteln gegen sie. Die Mutter hält ihren Sohn für bösartig und aggressiv und will ihn immer wieder ins Heim stecken. Je mehr sie sich mit der Tochter verbündet, desto unausstehlicher wird der Sohn. Der Vater, der sich auf die Seite des Sohnes schlägt, ruft Konflikte in der Ehe hervor. Die gesamte Familienatmosphäre spiegelt Spannung wider. Als der Mutter die Motive des Sohnes verständlich werden und sie ihre Einsichten bejahen kann, verändert sich zusehends die Beziehung zum Sohn. Seine aggressiven Attacken lassen nach. Das *gesamte* Familienklima erfährt eine Veränderung.
Wer die Motive erkennt, kann Unverständnis abbauen. Wer die Motive erkennt, kann sich besser in den anderen einfühlen. Und wer sich besser in den anderen einfühlen kann, kommt ihm näher.
Die Lebensgeschichte des anderen verstehen heißt, ihn zu lieben. Den Werdegang des anderen nachvollziehen heißt, sich für ihn zu interessieren. Sich ernsthaft für den anderen interessieren heißt, mit ihm verbunden zu sein.

Gedankenanstoß 4:
Unser Herr prüft die Beweggründe.
Welche unverstandene Triebfeder bestimmt unser Tun?
Was spielt sich in der Tiefe unseres Herzens ab?
Sind es edle Motive oder unedle, die uns treiben?
Verfolgen wir geistliche Motive oder egoistische?
Wollen wir herrschen oder dienen?
Was tun wir für uns? Was tun wir für IHN?

Vieles, was wir tun, hat einen ausgesprochen christlichen Anstrich, und doch verfolgen wir zutiefst selbstsüchtige Ziele.

Gerade die therapeutische Seelsorge macht deutlich, daß kein Mensch in seinem Denken, Fühlen, Glauben und Leben ohne Sünde ist. Kein Mensch ist gut. Auch der Christ nicht. Kein Mensch ist rein, auch der Christ nicht. Habsüchtige, geltungssüchtige und eigennützige Interessen mischen sich in unsere geistlichen Ziele. Kein Mensch hat lupenreine christliche Motive. Weil wir Sünder sind, sind immer auch unsere Motive sündhaft. Geistliches und Menschliches vermischen sich. Wir sind Heilige und Sünder zugleich. Alles, was wir tun, ist von der Sünde angekränkelt.

Wenn wir sagen, unser Herr prüft die Beweggründe, dann sind wir aufgerufen, selbst unsere Motive zu durchleuchten *und durchleuchten zu lassen.* Unser Gebet wird hilfreich und konkret, wenn wir beten:

»Herr, durchforsche mich und mach mir deutlich, welche unerkannten Beweggründe und Motive mich leiten!«

Das Sprichwort sagt es treffend:

»Selbsterkenntnis ist der *erste* Schritt zur Besserung.« Selbsterkenntnis ist der erste Schritt, die Buße, die Gesinnungsänderung, die Gedankenerneuerung einzuleiten. Diese Gesinnungsänderung kostet ein Stück Arbeit. Sie beginnt, indem wir uns dieser Durchforschung durch den heiligen Geist stellen.

Vor der Buße steht die geistliche Inventur. Wenn wir uns ihr stellen, »prüft der Herr unsere Beweggründe«. Aufgabe der therapeutischen Seelsorge ist es, dem Ratsuchenden bei der Auskundschaftung seiner positiven und negativen Beweggründe behilflich zu sein.

Kapitel 4

Der therapeutische Seelsorger

Wer ein partnerschaftliches Gespräch in, mit und unter dem lebendigen Gott führen will, muß genügend Selbstkritik und Selbstbeobachtung leisten und eine bestimmte Sicherheit im Gespräch entwickeln.

Es gibt eine Reihe von Fußangeln, über die der beratende Seelsorger stolpern kann. Es gibt technische und seelsorgerische Fehler, die selbst dem geschicktesten Berater unterlaufen können. Er muß sich kennen, um gegen falsche Interpretation, voreilige Diagnostizierung, engstirnige Dogmatisierung und unangebrachte Moralisierung gefeit zu sein. Hellhörig muß er jede autoritäre und suggestive Beeinflussung abbremsen können. Er muß die Achillesferse seines Lebensstils kennen, seine blinden Flecken und schwachen Seiten, um nicht den Erfolg der Gespräche zu gefährden.

Viele Schwierigkeiten der beratenden Seelsorge sind im Seelsorger selbst begründet. Alles Tun und Lassen, alles Reden, Deuten und Raten ist durch seine Subjektivität begrenzt und teilweise verzerrt. Wer darum die Probleme und Schwierigkeiten anderer verstehen will, muß zunächst mit seinen eigenen konfrontiert werden. Er muß seine Neigungen und Abneigungen, Hoffnungen und Befürchtungen im Blick behalten und notfalls beiseite räumen können. Völlige Selbstvergessenheit gelingt niemandem. *In jedes Bild, das sich der Seelsorger vom anderen macht, schmuggelt er sich selbst ein.*

Kennt der Seelsorger die Motive seiner ichhaften und unsachlichen Ziele, die sich in alle seelsorgerischen Bemühungen einschleichen können? Kennt er seine geheimen Ziele und Wünsche, wenn er sich der Seelsorge verschrieben hat? Welche Vorstellungen und Wünsche verbindet er mit seinem Amt?

Es sind Fragen, die den Seelsorger nicht verunsichern und den Dienst am Nächsten nicht vereiteln sollen. Eine gründliche Selbstprüfung aber erspart dem Seelsorger eine selbstbetrügerische Leichtigkeit.

Neben den gesprächsmethodischen Überlegungen sind für die beratende Seelsorge eine Reihe von Gedanken zur Selbsterkenntnis und Selbstprüfung erforderlich.

1. Was drängt ihn zur Seelsorge?

Nach einem Vortrag in einer Gemeinde kommt eine Dame zu mir und möchte mich etwas fragen. Sie macht einige Anläufe, man spürt, daß ihr die Sache peinlich ist.
»Wissen Sie, ich möchte sehr gern in der Gemeinde seelsorgerisch mitarbeiten, aber ...«
Ich: »Sie spüren einen Auftrag, seelsorgerisch tätig zu werden?«
Sie: »Irgendwie schäme ich mich gleichzeitig. Ich weiß ganz genau, daß Seelsorge eine Sache völliger Uneigennützigkeit ist. Jedenfalls sollte sie es sein. Und so uneigennützig würde ich die Arbeit gar nicht tun können.«
Ich: »Sie haben den Eindruck, daß ein Schuß Egoismus sich hinter dieser Tätigkeit verbergen kann.«
Sie: »Sehen Sie, meine Kinder sind groß. Vor einem halben Jahr hat die letzte geheiratet. Mein Mann ist beruflich stark engagiert. Ich bin eine gläubige Christin und möchte gern etwas tun, möchte mich geistlich betätigen. Und da dachte ich ...«
Diese und ähnliche Fragen werden laut und leise oft gestellt. Wie haben wir sie zu beurteilen?
Warum will der Seelsorger Seelsorger sein?
Ist das eine überflüssige Frage?
Ist das eine unverschämte Frage?
Er will sich also im Namen Jesu *rufen* lassen. Muß er sich nicht auch im Namen Jesu *fragen* lassen, *wozu* er es tut? Könnten auch andere Absichten und Wünsche, geheime Ziele und Zwecke mit im Spiele sein?
Welche Neben-Absichten können das sein?

- Will der Seelsorger Macht und Einfluß über andere Menschen haben?
- Ist es für ihn ein stolzes Gefühl, oder noch vorsichtiger, ein gutes Gefühl, dem anderen helfen, raten und dienen zu dürfen?

- Ist es nicht ein erhabenes Gefühl, gebraucht und in die Seelsorge gerufen zu werden?
- Kann es auch sein, daß er das Wissen vom anderen, von seiner Vergangenheit und von seinen Zukunftsträumen als Wissen gegen ihn benutzt?
- Besteht die Möglichkeit, daß der Seelsorger im Dienst am Nächsten seinen Mann steht, während er in der Ehe, im Beruf, in der Familie und auf verschiedenen anderen Gebieten versagt?
- Kann Seelsorge ein Stück Selbstbefriedigung sein, ein Hobby oder eine Ersatzbefriedigung – ohne daß der Mensch es sich eingestehen will oder kann?
- Ist es möglich, daß der Seelsorger seinen Dienst zur Selbstbestätigung braucht und zur persönlichen Anerkennung?
- Ist es denkbar, daß jemand seine Heilsgewißheit und guten Werke in der Seelsorge bekräftigen will, auch wenn er solche zweifelhaften Zusammenhänge bewußt und mit theologischen Argumenten weit von sich weist?

Diese Fragen sollen niemanden zweifelnd oder wankend machen. Die Freude am seelsorgerischen Dienst soll nicht gemindert, die Aktivität nicht gelähmt weden. Die Fragen haben den Sinn, uns darauf aufmerksam zu machen, daß sich in den edelsten Absichten und im geistlichen Tun das Allzumenschliche offenbart. Die geistliche Vollkommenheit eines Seelsorgers ist ein Trugschluß. Daß ein von Gott beauftragter Seelsorger diese oder jene Frage bejahen muß, ist noch kein Argument gegen seine Berufung zum Seelsorger. Das macht uns demütig und bewahrt uns vor falscher Selbsteinschätzung. Gott will mit »zerbrochenen Stäben Wunder tun« und nicht mit geistlichen Perfektionisten. »Gott schreibt auch auf krummen Linien gerade«, das heißt, er wirkt Heil und Rettung durch Menschen, deren seelsorgerische Ziele unbewußt oder bewußt durch ungeistliche Nebenabsichten verdunkelt sind. Es ist gut zu wissen: Es menschelt auch in der Seelsorge. Vielleicht bewahrt uns das vor Überheblichkeit und vor falscher Selbstsicherheit.

2. Der Seelsorger, der helfen will

Es gibt ungezählte Menschen, die dringend Hilfe brauchen. Es gibt Christen und Nichtchristen, die dringend eine gründliche beraterische Seelsorge nötig haben. Ihre Not ist augenscheinlich, ihre Konflikte sind mit Händen zu greifen. Und schon meldet sich das Gewissen des Seelsorgers, diesen Menschen in ihren schwierigen Problemen beizustehen. Besonders in der Krise läßt sich das christliche Gewissen anstacheln, sich vorschnell in Bewegung zu setzen.

Dem Pastor in der Gemeinde wird es zugetragen:

»Haben Sie schon gehört, Frau Müller macht seit Wochen Schreckliches durch. Ihr Mann geht fremd, und jetzt bringt er auch noch die fremde Frau mit ins Haus. Frau Müller schweigt dazu. Sonntag war sie in der Kirche. Sie ist so schmal und blaß geworden. Jeder sieht es ihr an, daß sie leidet. Und dann die Kinder. Die kriegen das doch alles mit. Bernd ist in der Schule ganz abgefallen. Er ist nur eben versetzt worden, Herr Pastor, da müssen Sie sich mal drum kümmern!«

Die Darstellung stimmt. Der Bericht ist weder über- noch untertrieben. Die Herausforderung zur Hilfe ist groß. Die aufgedrängte Hilfe kann segensreich sein. Sie muß nicht notwendigerweise zum Scheitern verurteilt sein. Viele Seelsorger werden ohne Schwierigkeiten Beispiele bringen können, wo Menschen auf den ersten Schritt des Seelsorgers *gewartet* haben.

Aber woran liegt es denn, daß in vielen kirchlichen Kreisen eine Abwehr gegen die aktive Seelsorge besteht? Woran liegt es, daß oft die aktive missionarische Seelsorge zu kurzatmig ist und sich unüberwindliche Schwierigkeiten einstellen? Der Seelsorger hat den »Kairos«, den entscheidenden Augenblick, den Gott schenkt, selbst bestimmt. Er *wollte* helfen, ungefragt. Je weniger sich der Seelsorger zur Seelsorge drängt, je mehr er in der Tat ein Beauftragter und Berufener ist, der sich unter Umständen gegen seinen Auftrag sträubt, desto *sachlicher* kann er dem Notleidenden begegnen, desto eher ist gewährleistet, daß er einen missionarischen Auftrag nicht *ichhaft* mißversteht.

Besonders der Seelsorger, der helfen *will*, hat immer das Ziel, das

Beste für den Ratsuchenden zu ermöglichen. Das ist gut gemeint, aber nicht unproblematisch. In der Erziehungsberatung gibt es einen Kardinalfehler, der von vielen Psychologen angeprangert wird: »Die guten Erziehungsabsichten sind die schlimmsten Erziehungsfehler der Eltern.«

Ich habe noch nie Eltern in der Beratung kennengelernt, die nicht das Beste für ihre Kinder im Sinn hatten. Und doch waren sie mit ihren guten Absichten gescheitert.

Woran liegt das?

Sie wissen, was gut ist.

Sie wollen das Beste für das Kind.

Ist es für das Kind auch das Beste? Und wenn das Kind rebelliert, weil es sich vergewaltigt fühlt, weil es das Beste für uninteressant, im persönlichen Leben für unangebracht und in beruflicher Hinsicht für wenig nützlich hält? Hier gilt: Das Beste ist immer das Beste in den Augen der Eltern.

Vielleicht ist es sogar *objektiv* das Beste. Aber viele Menschen handeln nach ihrer individuellen Vorstellung. Sie wollen nicht das Beste für den anderen, sondern sie wollen *ihren Willen* durchsetzen. (Auch Seelsorger!) Warum soll es in der beratenden Seelsorge anders sein? Seelsorger sollten darum nicht in erster Linie *für* den anderen etwas tun, sondern *mit* ihm gemeinsam überlegen.

Für den beratenden Seelsorger ergeben sich einige Hinweise zur Selbstprüfung, wenn er Hilfe anbietet, ohne gerufen zu sein:

- Mitleid ist in den meisten Fällen ein untaugliches Motiv, eine wirkliche Hilfe leisten zu können. Aufgedrängte Hilfe wird von den Angesprochenen leicht als Mitleidsäußerung aufgefaßt und abgelehnt. Der daraus folgende Widerstand gegen den Seelsorger kann sich auf vielfältige Weise äußern – wir gehen später ausführlich darauf ein.
- Stolz, Unkenntnis, falsche Selbsteinschätzung und starke Minderwertigkeitsgefühle können den Hilfsbedürftigen und Notleidenden abhalten, Hilfe und Seelsorge in Anspruch zu nehmen. Zeigt er aber schon eine entsprechende Zurückhaltung, ist es doppelt wichtig für den Seelsorger zu warten, weil er nicht weiß, ob er der Mensch des Vertrauens ist, dem sich der Notleidende anvertrauen möchte.

- Wer Hilfe aufdrängt, wird vordergründig schnell als hilfsbereit, sozial und christlich engagiert verstanden. Die Motive dazu können aber auch persönlicher Ehrgeiz, Eitelkeit und geistliches Geltungsbedürfnis sein. Wer helfen und heilen will, muß warten, bis die Menschen reif für seine Hilfe sind. Er muß bescheiden genug sein, um den anderen nicht zum Objekt zu machen.
- Scheitert die aufgedrängte Hilfe, ist der Seelsorger unbewußt geneigt, die Schuld am Mißerfolg seiner geistlichen Bemühungen dem Notleidenden in die Schuhe zu schieben. Denn er glaubt vom Ratsuchenden, daß er verstockt, für die Botschaft nicht ansprechbar und zu stolz gewesen sei. Er glaubt, daß der andere sich selbst helfen wollte, statt sich helfen zu lassen.

Fritz Künkel hat die aufgedrängte Hilfeleistung unmißverständlich charakterisiert. Dieser erfahrene Psychologe und Seelsorger wußte um die zweifelhaften Motive des Helfers und Seelsorgers, wenn er schreibt:

»Wer seine Hilfeleistung aufdrängt, beweist durch diesen Eifer, daß er der Weltordnung vorgreifen und sich zum Lenker der Geschicke machen will. Sein Geltungsbedürfnis muß verhindern, daß er wirklich hilft... Je weniger Wert du darauf legst, selbst ein Helfer zu sein, um so besser wirst du helfen können. Wo die Hilfestellung nicht gelingt, trifft die Verantwortung für den Mißerfolg weder deinen Schutzbefohlenen noch die äußeren Umstände, sondern dich.«[1]

3. Geltungsbedürfnis des Seelsorgers

Da ist ein Seelsorger, der glaubt, die tragfähige Beziehung zum Ratsuchenden durch eingestreute Berichte aus dem eigenen Leben stabilisieren zu müssen. Er glaubt an seine edlen Absichten und erzählt:

»Ich weiß noch, als ich damals – genau wie Sie – tief im Dreck steckte. Die Sünde stand mir bis zum Hals. Da griff Gott...«

Oder:

»Mir erging es wie Ihnen, ich kann Sie gut verstehen. Wie ich höre, haben wir beide eine prüde Erziehung erhalten – wie das damals eben so war – und es reizte dann doppelt, dagegen aufzubegehren. Wo ich pornographische Bilder erwischen konnte, da war ich da. Und als Junge hat man ja einen Riecher dafür! Es hat lange gedauert, bis ich mich von der perversen Lust befreien konnte. Das habe ich meinem Herrn zu verdanken. Ich war etwa 16 Jahre alt. Ich weiß noch genau...«

Auf den ersten Blick erscheint diese Solidarisierung sympathisch. Es kann sogar sein, daß der Ratsuchende verwandte Züge erblickt. Es ist möglich, daß er sich verstanden fühlt. Es ist nicht ausgeschlossen, daß dieses unaufgeforderte Entgegenkommen seine Zunge mehr löst.

Aber prinzipiell sollte der Seelsorger sein Verhalten unter die Lupe nehmen und der Gewissensforschung unterziehen. Statt eines *sachlichen* Zieles, können sich auch *ichhafte* Ziele hinter solchen Selbstmitteilungen verbergen. Es gehört zu den Kunstgriffen unserer Seele, daß die Ichhaftigkeit sich vielfältig tarnt, um möglichst nicht ins Bewußtsein zu treten. Unser Wahrnehmungsschema sorgt dafür, daß sogar die *Ichhaftigkeit* – wie in den genannten Beispielen – einer guten Sache dient.

Wie rationalisiert der Seelsorger sein Verhalten nun vor sich selbst? Das heißt, wie rechtfertigt der Seelsorger vor sich selbst – mit Motiven, die er selbst für vernünftig hält – sein Bemühen?

- Ich erzähle das, um Menschen zu helfen;
- das eigene Bekenntnis soll dem Ratsuchenden das Bekennen erleichtern;
- das Eingestehen der eigenen Sünde und Schwachheit soll die Kluft zwischen Ratsuchendem und Seelsorger verringern;
- das eigene Bekenntnis verlangt schließlich ein Opfer an Schamhaftigkeit;
- das Eingestehen von großen Fehlern, von konkreter Sünde und Schuld verlangt Mut und eine gehörige Portion Ehrlichkeit vor anderen.

Fritz Künkel hat für die Charakterkunde eine wesentliche Unterscheidung eingeführt, die für die beratende Seelsorge von Bedeutung ist: Er spricht von *Ichhaftigkeit* und von *Sachlichkeit*. Es handelt sich um zwei entgegengesetzte Verhaltensweisen mit konträren Zielen.

Ob jemand ichhaft oder sachlich handelt, entscheidet die ehrliche Antwort auf die Frage: *Wozu* tust du das? Was willst du mit diesem Bekenntnis *bezwecken*? Steht die Selbstmitteilung ausschließlich im Dienste der *Sache* oder dient sie einem *ichhaften* Ziel? Der Selbsttäuschung sind keine Grenzen gesetzt. Bei Licht besehen, stellt man fest, daß sich fast immer hinter solchen Bekenntnissen ichhafte *und* sachliche Ziele verbergen. Die Ziele sind nicht chemisch rein voneinander zu trennen. Je ichhafter und egoistischer die Motive, um so mehr Eitelkeit, Geltungssucht und Selbstbetrug sind im Spiel.

Der Ratsuchende könnte schließlich den Eindruck haben, daß nicht ihm selbst geholfen werden soll, sondern der Seelsorger seine eigene Eitelkeit befriedigen will. Daß er sich beliebt machen muß und aus der Beratung Anerkennung zieht.

Diese Gewissenserforschung soll den Seelsorger nicht entmutigen. Sie soll seinen Glauben nicht in Frage stellen. Sie soll ihn hellhöriger und sensibler machen für falsche Selbsteinschätzung. Sie bewahrt ihn vor geistlichem Selbstbetrug, sie reduziert seine mögliche geistige Überheblichkeit und seinen Pharäismus.

4. Wenn der Seelsorger autoritär reagiert

Der beratende Seelsorger begegnet vielen Ratsuchenden, die von Angst und Zweifeln gepeinigt werden. Er begegnet ihnen mit Vertrauen und aufrichtiger Teilnahme. Er hat kein Werkzeug, um auf den anderen einzuwirken. Gewalt, Drängen und jeden Zwang lehnt er ab. Nur sich selbst kann er anbieten.

Wer sich autoritär verhält, erntet Widerstand. Widerstand bedeutet Ablehnung. Die Ziele des Seelsorgers und die Ziele des Ratsuchenden laufen dann konträr, der Lernprozeß hört auf, die Konfliktbereinigung stagniert.

Woran liegt das?

Die Lösung sollte dem Ratsuchenden aufgedrängt werden. Er konnte aber die Lösung nicht für sich akzeptieren. Es war nicht *seine* Lösung.

Der Seelsorger darf *autoritativ* sein – abgeleitet vom Hauptwort

Autorität. Der Seelsorger kann sich aufgrund seiner sachlichen und fachlichen Autorität unmißverständlich äußern.

Autoritäres Verhalten dagegen ist ein unerlaubtes Ausspielen von Macht. Der Seelsorger verkörpert dann eine starre, unsachliche, herrische Art. Er gibt den Anschein von Autorität, die er sich im Grunde *anmaßt*. Oder der Seelsorger mißbraucht ständig seine Autorität. Er führt, schreibt vor, was der andere tun soll, und unterbricht den Ratsuchenden, wann und wo er will. Er gibt das Tempo an und bestimmt die einzelnen Schritte des Gespräches. Er ist der starke Mann, der von der Richtigkeit seiner Einfälle überzeugt ist.

Ein Pfarrer kann beispielsweise sein Amtsbewußtsein mißbrauchen. Er allein glaubt zu wissen, was der Ratsuchende braucht, er allein kann ihm im Namen Jesu sagen, was richtig oder falsch ist.

Der autoritäre Seelsorger gibt absolute Urteile ab,
der autoritäre Seelsorger stellt eindeutige Diagnosen,
der autoritäre Seelsorger übt Kritik,
der autoritäre Seelsorger erteilt ständig Ratschläge,
der autoritäre Seelsorger äußert sich dogmatisierend und moralisierend.

Der Seelsorger kann sich fragen:

- Habe ich mich an der Situation des Ratsuchenden orientiert, oder habe ich versucht, meine persönliche Weltanschauung und Vorstellung dem Ratsuchenden überzustülpen?
- Habe ich versucht, den Ratsuchenden zu veranlassen, getroffene Entscheidungen rückgängig zu machen und meine Wertvorstellungen zu übernehmen?
- Habe ich versucht, durch eine falsche Selbstsicherheit aufgrund der besseren Erkenntnis von Zusammenhängen meinen Einfluß über Gebühr geltend zu machen?
- Habe ich die Selbstbestimmung angeregt und gefördert, dem Ratsuchenden zu größerer Entscheidungsfähigkeit verholfen, oder habe ich mir bewußt oder unbewußt die Hauptverantwortung für die Lösung des Problems angemaßt?

Je mehr der Seelsorger Rat erteilt, lenkt und manipuliert, desto mehr kann er in dem anderen das Gefühl des Versagens und der Unreife wecken.

Womit hängt das zusammen?
Der Mensch ist, wenn er zur Welt kommt, ein hilfloses und hilfsbedürftiges Wesen. Er ist abhängig und unfähig, ohne Hilfe anderer zu leben. Je älter er wird, desto mehr will er in der Regel selbständig, unabhängig und mündig werden. Gerät er jetzt in Konflikte, für deren Lösung er auf Hilfe angewiesen ist, werden alte Gefühle neu geweckt. Auf der einen Seite ist er glücklich, jemanden zu finden, der ihn anhört, der ihm Aufmerksamkeit schenkt und ihm helfen will; auf der anderen Seite *überträgt* er die Gefühle der Ohnmacht und Abhängigkeit auf den Seelsorger. (Das Problem der Übertragung wird in einem Sonderkapitel behandelt.) »Wer bin ich, daß ich mit meinen Problemen nicht selbst fertig werde? Was denkt der Seelsorger von mir, daß ich so sehr versagt habe, daß ich mich hilfesuchend an ihn wenden muß?«
Je stärker der Seelsorger überhebliche, selbstsichere, überlegene und beherrschende Züge an den Tag legt, um so aggressiver und frustrierter kann sich der Ratsuchende verhalten.
Der Seelsorger muß davon ausgehen, daß der Ratsuchende
- um seine Selbständigkeit kämpft,
- Angst hat, unterworfen zu werden,
- befürchtet, beherrscht zu werden,
- dem Seelsorger mißtraut, weil er seine Überlegenheit fürchtet,
- und es grundsätzlich bedauert, einen Rat einholen zu müssen.

Aber auch eine gegensätzliche Verhaltensweise ist denkbar. Viele Ratsuchende, die es von Kind an gewohnt waren, zum Vater, Lehrer, Pfarrer und Chef mit Hochachtung *aufzublicken*, bringen eine infantile Einstellung zum Seelsorger mit. Sie sitzen vor ihm wie kleine Kinder, wie Unmündige vor dem Mündigen, wie Unverstandene vor dem Wissenden, wie Laien vor dem Sachverständigen.
Im Sinne der Individualpsychologie kann es ein Trick sein, ein Kunstgriff der Seele. Wer sich klein, infantil und hilflos verhält, will vielleicht besondere Zuwendung. Er glaubt unbewußt, mit dieser Haltung dem Seelsorger den Wind aus den Segeln nehmen zu können. Vielleicht befürchtet er ein kritisches Urteil oder ein mißbilligendes Verhalten. Die Gefahr einer devoten und auf Verehrung abzielenden Haltung kann aber auch den Seelsorger verleiten,

autoritäre oder patriarchale Tendenzen freizusetzen. Ohne daß er es merkt, verläßt er die Einstellung als Partner und schlüpft in die des gütigen Vaters, des weisen Richters und des klugen Beraters. (Dieser Vorgang der *Gegenübertragung* wird in einem Sonderkapitel behandelt.) Der Seelsorger läßt sich durch das infantile Verhalten täuschen und findet sich plötzlich in die Rolle des Überlegenen wieder. Autoritäres Verhalten in der Seelsorge kann also vom Ratsuchenden geradezu *gewünscht* werden. Hilflosigkeit provoziert zum Führen. Unterwürfigkeit stimuliert die Rolle der Macht. Angebot und Nachfrage stehen in Wechselbeziehung. Der Hilflose hat die Verantwortung abgegeben. Er vertraut sich blindlings dem Seelsorger an. Gelingt es dem Ratsuchenden, diese Einstellung während der Gespräche beizubehalten, ist die Lösung von Konflikten unmöglich. Er verharrt in seiner infantilen Abhängigkeit und wartet ständig auf die Hilfe von anderen, auf Entscheidungen und Rat vom Seelsorger – und bleibt, der er ist.

Autoritäres Verhalten geht in vielen Gewändern einher. Selbst wenn beide Partner gewillt sind, in sachlicher Weise Gespräche zu führen, können unbewußt solche Absichten durchkreuzt werden.

Seelsorger und Ratsuchender geraten aneinander.

Was ist geschehen?

Der Seelsorger hat sich provozieren lassen. Es geht nicht mehr um Verständigung, sondern um *Recht haben wollen.* Der Ratsuchende soll überredet und mundtot gemacht werden. Minderwertigkeitsgefühle stehen im Hintergrund des autoritären Verhaltens.

Der Seelsorger hat plötzlich das Gefühl,

- daß er bestimmte Aussagen nicht einfach so stehenlassen kann,
- daß der Ratsuchende ihn persönlich gemeint hat,
- daß er an seiner Kompetenz zweifelt,
- daß ihm auf bestimmten Gebieten das nötige Wissen fehlt und
- daß er dem Ratsuchenden nicht gewachsen ist.

Autoritäre Beeinflussungen haben dann einen Sinn, wenn die Selbstbestimmung des Ratsuchenden durch Krankheit und mangelnde Einsicht beeinträchtigt ist. Dissoziale, Psychopaten und sogenannte Geisteskranke könnten ihre Freiheit und Selbstbestimmung mißbrauchen.

Es ist selbstverständlich, daß das Recht des einzelnen durch die Rechte der anderen und der Gesellschaft begrenzt ist. Menschliche Freiheit ist Mittel, nicht Ziel an sich. Wer andere oder sich selbst schädigen will, sollte verbal so beeinflußt werden, daß er sich in ärztliche Betreuung begibt. In solchen Fällen können Ratschläge, Überredungen, Anweisungen und spezielle Lenkung erforderlich sein.

5. Der Seelsorger muß sich seiner Grenzen bewußt sein

Die menschlichen Probleme sind vielschichtig; sie berühren medizinische, psychologische, pädagogische, juristische und theologische Fragen. Der beratende Seelsorger kann sie nicht allein lösen. Er soll auch nicht Jurist, Theologe, Mediziner und Psychologe in einer Person sein. Man würde Unmögliches verlangen. Der Seelsorger muß sich seines Auftrages und seiner Aufgabe immer bewußt sein und gleichzeitig Offenheit nach draußen bewahren. Er braucht seine Identität, gleichzeitig muß er die schützende Burg seines geistlichen Selbstverständnisses verlassen, um mit anderen Beratern Kontakt aufzunehmen. Weil die Sorge des Menschen vielschichtig ist, muß er auch die vielschichtigen helfenden Berufe kennen, mit deren Trägern er sich in Verbindung setzen kann, um in angemessener Weise Hilfe anbieten zu können. Jeder steckt seine Grenzen sorgfältig ab. Jeder weiß, welche Aufgabe er repräsentiert. Grenzen sind keine scharfen Trennungslinien und Trennwände. Es geht nicht um Abgrenzung, sondern um Begegnung. Es geht nicht um Abwehr, sondern um Zusammenarbeit, um das Ausloten gemeinsamer Hilfeleistung. Der Seelsorger muß die Anliegen der angrenzenden Sozialbereiche erkennen und verstehen. Die Überweisung zum Fachmann, zum Spezialisten ist darum nicht ein liebloses Abfertigen, sondern ein Erkennen der eigenen Begrenzung. Die eigene Kompetenz wird sonst überschritten. Die beratende Seelsorge hat keine Allheilmethode zur Hand; verfügt nicht über ein kompliziertes Arsenal von Hilfsinstrumenten, Tests und diagnostischen Möglichkeiten.
Die Spezialisierung der Berufe ist weit vorgeschritten. In der

Bundesrepublik gibt es heute annähernd dreimal so viele Berufe wie vor etwa vierzig Jahren. Besonders die sozialen Berufe haben eine erhebliche Differenzierung erfahren. Die Teamarbeit von Fachleuten verschiedenster Berufsausbildung wird daher dringend erforderlich. Dem Seelsorger fehlen häufig die Kenntnisse, die Einsicht und der Überblick über alle verfügbaren diagnostischen Hilfsmittel.

Das Ein-Mann-System kirchlicher Arbeit muß der Vergangenheit angehören. Eine pluralistische Gesellschaft, die vor den Kirchentüren nicht haltmacht, erfordert pluralistische Hilfsmaßnahmen. Ein Hand-in-Hand-Arbeiten ermöglicht durchgreifende Hilfe auf verschiedenen Ebenen. Diagnosen können treffsicherer, Beratungen gezielter und die Ganzheitlichkeit des Menschen kann umfassender beachtet werden. Darum bestehen städtische und kirchliche Beratungsstellen in der Regel aus Teams. Psychologen, Ärzte, Theologen, Sozialarbeiter und Pädagogen arbeiten *gemeinsam* und sprechen *gemeinsam* – mit Einverständnis der Ratsuchenden – die Probleme ihrer Klienten durch.

So kann die beratende Seelsorge gerade darin bestehen, dem Ratsuchenden klarzumachen, daß er sich einem Fachmann (einem Nerven-Facharzt, einem Psychotherapeuten oder einem Internisten) anvertrauen möchte.

Leider haben viele Seelsorger den Eindruck eigener Unzulänglichkeiten, wenn sie Ratsuchende an andere Stellen überweisen. Besonders der Seelsorger, der mit Selbstwertstörungen und Minderwertigkeitsgefühlen zu kämpfen hat, steht in der Gefahr, Ratsuchende festzuhalten, die dringend speziellerer Hilfe bedürften.

Rein statistisch wird deutlich, daß Ärzte achtmal so viele Klienten an Beratungsstellen, psychiatrische Kliniken und Geistliche überweisen, als umgekehrt Geistliche Ratsuchende an Ärzte, Beratungsstellen und Kliniken vermitteln. Auch der Ratsuchende muß erfahren, daß der Seelsorger seine Verantwortung nicht abschieben will, sondern mit der Überweisung eine intensive Therapie, eine gezielte Diagnose und eine bessere medizinische Versorgung gewährleisten will. Jeder Seelsorger sollte zu einem bestimmten Arzt, zum Krankenhaus und zu kirchlichen und städtischen Beratungsstellen näheren Kontakt haben. Alle Nervenfachärzte erkennen zuneh-

mend, daß sie sich mit Ratsuchenden, die von Seelsorgern und Beratungsstellen überwiesen werden, beschäftigen müssen, und legen auf eine Zusammenarbeit Wert.
Howard J. Clinebell schreibt:
»Ein Geistlicher sollte sich gleich nach seinem Beginn in einer neuen Gemeinde auf eine leistungsfähige Überweisungspraxis vorbereiten. Dabei sind zwei Ansatzpunkte zu beachten. Er sollte eine ›Überweisungsliste‹ zusammenstellen, in der die lokalen Einrichtungen erfaßt sind, und er sollte Beziehungen zu Fürsorgestellen und anderen helfenden Bereichen herstellen. Die Überweisungsliste wird dem Pfarrer zunehmend wertvolle Dienste leisten, da er darin fortwährend mehr Angebote über soziale Einrichtungen sammeln wird. Über Psychiater, klinische Psychologen und Eheberater, die verschiedenen Gruppen der Telefonseelsorge und sonstiger psychiatrischer Notdienste, Nervenkliniken und Selbstmordverhütungszentren.«[2]
Jeder Seelsorger sollte gleich zu Anfang einer Beratung darauf hinweisen, daß er Wert darauf legt, daß der Ratsuchende – mit seinem Einverständnis – auch von ihm an Spezialisten und Fachleute weitergeleitet werden kann. Gerade bei Ratsuchenden, die schizophrenieähnliche Symptome schildern, ist oft die Überweisung besonders schwierig und erfordert viel Geduld und Einfühlung, bis sie bereit sind, sich einem Nervenfacharzt – den sie im Grunde scharf ablehnen – anzuvertrauen. Der Seelsorger muß versuchen, ohne Druck die Widerstände gegen bestimmte Ärzte und Einrichtungen abzubauen. Das Eingehen auf die vielerlei Widerstände ist ein langwieriger Prozeß.

6. Grenzen der beratenden Seelsorge

Wenn der beratende Seelsorger im Laufe des Gesprächs entdeckt, daß schwere seelische Konflikte vorliegen, die der Ratsuchende nicht durchschaut und die seit Jahren das Zusammenleben mit anderen, in der Familie, in der Ehe oder in der Schule blockieren, sollte ein Fachberater hinzugezogen werden. Ganz davon abgesehen, daß haupt- und nebenamtliche Seelsorger aus zeitlichen Grün-

den nicht in der Lage sind, monatelang oder jahrelang einen Menschen zu beraten und zu behandeln, kann ein falscher seelsorgerlicher Rat den Glauben hemmen, und der Ratsuchende wird entmutigt, weil der seelsorgerliche Zuspruch und das ernste Gebet ihm fruchtlos erscheinen.
Welche Anzeichen lassen es geraten erscheinen, den Ratsuchenden zu überweisen?

1) Wenn neurotische Menschen kommen, die durch eine »irrtümliche« Lebensführung gekennzeichnet sind, die auch im »normalen Leben« nicht zurechtkommen, deren Lebens- und Arbeitsfähigkeit durch psychische Störungen erheblich eingeschränkt sind, die mit überspanntem Ehrgeiz und egozentrischer Orientierung, mit permanenter Lebensangst, übernormalen Selbstwertgefühlen und einer Kriegserklärung gegen Gott und die Welt durchs Leben gehen, die entscheidungsunfähig, stark kontaktgestört, mit erheblichen Zwängen (Waschzwang, Pedanterie, zwanghafte Eifersucht, Zwangsgedanken gegen Gott, die Bibel und den Heiligen Geist, unnormale rituelle Zeremonien usw.) belastet sind, ist es geraten, einen Fachberater einzuschalten.
Neben den normalen Ängsten gibt es die krankhaften Ängste. Wir sprechen von *Phobien*, die in vielerlei Gestalt auftreten können. Phobie meint soviel wie Furcht, Befürchtung, Angst, Schrecken, Besorgnis, aber auch gleichzeitig den Gegenstand der Furcht, das Schreckbild, das gefahrvolle und bedrohende Mittel. Die Phobien sind im Grunde unsinnig, sie zeigen Gefahren an, die in Wirklichkeit nicht bestehen, oder beziehen sich auf Gefahren, die in Wirklichkeit harmlos sind und nicht angsterregend zu sein brauchen.
Hier sind folgende Phobien zu nennen:
– die *Agoraphobie*, die Platzangst, die Angst beim Überschreiten von Plätzen, verbunden mit Schwindelgefühl;
– die *Phobophobie*, die Angst vor Angstzuständen;
– die *Klaustrophobie*, die Angst, sich in einem Saal voller Menschen aufzuhalten oder die Angst vor dem Aufenthalt in geschlossenen Räumen;
– die *Aichmophobie*, die Angst, mit spitzen oder scharfen Instrumenten sich oder andere verletzen bzw. töten zu können;

- die *Mysophobie*, die Angst vor Berührung, der krankhafte Widerwille gegen jede Berührung, um Schmutz und Infektionen aus dem Wege zu gehen;
- die *Nyktophobie*, die Angst vor der Dunkelheit und der Nacht.

Die Ängste erscheinen uns nicht als unbegreiflich, aber als übertrieben.

2) Wenn psychotische Menschen kommen, die von ständiger Resignation, von Melancholie und Depressionen sprechen, die womöglich schon in psychiatrischer Behandlung sind – aber keine therapeutische Beratung und Behandlung erfahren –, sollte eine kirchliche, städtische oder freie Beratungsstelle eingeschaltet werden. Solche Ratsuchenden können sich mit Selbstmordgedanken herumschlagen, glauben, von Gott verworfen zu sein, leiden unter unerträglichen Ängsten, sind unvorstellbare Pessimisten und Schwarzseher und lassen ständig die Flügel hängen. Sie leiden unter verschiedenen Arten von quälenden Gedanken und Ängsten und haben schon seit Jahren um Befreiung im Gebet gerungen. Es können Lästergedanken, hartnäckig wiederkehrende sexuelle Vorstellungen, Schuldgefühle und Wahnvorstellungen sein, die sich gegen den Willen des Ratsuchenden in ihr Leben drängen. Auch wenn der Ratsuchende die Symptomatik als böse, teuflisch und Besessenheit charakterisiert, sollte sorgfältig geprüft werden, ob es sich um okkulte Belastung oder einen schleichenden Krankheitsprozeß handelt. Diese Unterscheidung kann in der Regel nur der Fachmann treffen. Weil es haupt- und ehrenamtlichen Seelsorgern schwerfällt, sich in die Wahnwelt des Psychotikers, in seine illusionäre Welt hineinzuversetzen, sollte die Seelsorge und die therapeutische Behandlung Fachkräften überlassen werden. Die Seelsorge am Psychotiker (der zeitweilig oder länger, mehr oder weniger unter Verlust des Orientierungsvermögens in dieser Welt leidet, dessen Umweltverhältnisse ver-rückt sind, und der verstört, gejagt, oder erstarrt aus der Ordnung, in der wir alle leben, herausgefallen ist) stellt hohe Anforderungen an die Kommunikations- und Gesprächsfähigkeit des Seelsorgers.

3) Wenn Kinder und Jugendliche zu uns kommen oder geschickt werden, die an sogenannten *Kinderfehlern* leiden, die oft von Eltern und Erwachsenen als böser Wille der Kinder interpretiert werden, sollten Fachkräfte eingeschaltet werden. Es kann sich um Bettnässen, Einkoten, Nägel-beißen, Erbrechen, Appetitlosigkeit, Pubertäts-Magersucht, Jähzorn und Faulheit handeln. Diese Kinderneurosen können ohne fachliche Beratung leicht zu Schwererziehbarkeit, zur Verwahrlosung und folgerichtig zu Neurosen bei Erwachsenen führen. Oft kämpft die Erwachsenenwelt mit untauglichen Hilfsmitteln gegen die »Laster« an und verschlimmert die Symptome. Faulheit ist beispielsweise ein ernst zu nehmendes Symptom bei Kindern, das in der Regel nicht mit guten Ratschlägen, auch bei bewußt christlichen Kindern und Jugendlichen nicht nur durch Gebet und seelsorgerlichen Zuspruch – ohne eine entsprechende Motivationsanalyse mit anschließender Beratung – ausgeräumt werden kann.

4) Wenn Ratsuchende zu uns kommen, die abweichende Verhaltensweisen auf dem sexuellen Sektor schildern, müssen wir uns ebenfalls um Fachkräfte bemühen. Ob es sich beispielsweise um Voyeurismus handelt, um die krankhafte Neigung, Sexuelles zu betrachten, um Exhibitionismus, um eine sexuelle Anomalie mit dem Bedürfnis, die Genitalorgane zu zeigen, um Homosexualität, das Bedürfnis, mit dem gleichen Geschlecht körperliche Liebesbeziehungen aufzunehmen, um Transvestitismus, das anomale Verhalten, in Kleidern des anderen Geschlechts herumzulaufen, um Sadismus, um Masochismus und was es an Verdrehungen und Verkehrungen menschlichen Sexualverhaltens gibt. Die durchschnittlichen psychologischen Kenntnisse des Seelsorgers reichen hier nicht aus. Da es sich hierbei weitgehend um psychosoziale, also zwischenmenschliche Störungen handelt, sollte ein Fachberater eingeschaltet werden. Die seelsorgerische Beratung dieser Menschen kann dann im Team mit Fachleuten erfolgen, wenn das der Ratsuchende wünscht. In der Vergangenheit und in der Gegenwart ist auf diesem Gebiet seelsorgerisch sehr dilettantisch gearbeitet worden. Seelsorger hüten sich vor Glaubensheilungen – die nicht unmöglich sind, die aber ein falsch verstandenes geistliches Geltungsstreben und auch eine geistliche Omnipotenz (Allmächtigkeit) verraten können.

5) Wenn Menschen zu uns kommen, die süchtig oder drogengefährdet sind – die Suchtkranken-Hilfe und Suchtkranken-Fürsorge sowie die Gefährdeten-Prophylaxe gehören zu den schwierigsten fürsorgerischen, therapeutischen und seelsorgerischen Problemen. Guter Wille und ein übervolles Herz, das helfen möchte und geistlich richtig schlägt, sind zu wenig. Nur in Zusammenarbeit mit Ärzten, Psychologen, Therapeuten und Seelsorgern ist wahrscheinlich eine durchgreifende und umfassende Hilfe möglich. Da Sucht und Suchtgefährdung neurotische und mitmenschliche Probleme sind, mit Vererbung wenig zu tun haben, ist in der Regel die Erhellung der tieferen Zusammenhänge erforderlich, bevor überhaupt eine wirksame seelsorgerische Hilfe möglich ist. Daß das gesamte Drogen- und Suchtproblem die Seelsorge geradezu herausfordert, ist augenscheinlich. Die *Sehnsucht* nach dem Paradies, nach Halt, Sinn und Geborgenheit macht Seelsorge *unter anderem* notwendig.
Die Liste mit den verschiedenen Symptomen ist selbstverständlich unvollständig. Auf alle Fälle ist es ratsam, bei Unklarheiten und bei Störungen, die aus dem Rahmen des Normalen fallen, Berater, Psychologen und Ärzte in Beratungsstellen mit heranzuziehen und mit ihnen eine fruchtbare gemeinsame Hilfe am Ratsuchenden abzustimmen.

7. Der Seelsorger sollte nicht von sich ausgehen

Warum ist das so?
- Meine Vorstellungen sind nicht die Vorstellungen des Ratsuchenden,
- meine Wahrnehmungen sind nicht seine Wahrnehmungen,
- meine Beurteilung ist nicht seine Beurteilung,
- mein Denkschema ist nicht sein Denkschema,
- meine Möglichkeiten, ein Problem zu lösen, eine Schwierigkeit zu überwinden, sind nicht seine Möglichkeiten,
- mein Wollen ist nicht sein Wollen,
- meine Ängste sind nicht seine Ängste,
- mein Mut ist nicht sein Mut,
- meine Hingabebereitschaft ist nicht seine Hingabebereitschaft,

– meine Art zu leben ist eine andere als seine Art zu leben.
Auf einer Tagung erzählte ein CVJM-Sekretär:
»Zu mir kam eines Tages eine Frau, die hatte ihren Sohn verloren. Sie war völlig verzweifelt. Ein Jahr zuvor hatten wir selbst eins unserer Kinder auf tragische Weise verloren, und ich erzählte der Frau, was ich durchgemacht hatte, um ihr begreiflich zu machen, daß ich sie verstehen könne.«
Die Frau habe ihn angeschaut und gesagt:
»Ich glaube, Sie haben mich gar nicht verstanden!«
Unsere Trauer ist nicht die Trauer des Ratsuchenden. Unsere Todeserfahrung ist mit anderen Gefühlen, Ängsten und Vorstellungen verknüpft als die des Ratsuchenden. Tod ist nicht gleich Tod. Verzweiflung und Trauer sind nicht für alle Menschen gleich.
Aus dieser Erkenntnis ergibt sich, wie fragwürdig zahlreiche Formulierungen sind, die dem Seelsorger leicht über die Lippen kommen:
»Ich würde an Ihrer Stelle die Sache so und so anpacken ...
»Versuchen Sie's doch mal so. Ich kann mir gut vorstellen, daß ...«
»Ich hatte in meinem Leben gute Erfahrungen mit folgender Praxis ...«
»Ich habe das selbst mal erlebt, da habe ich mich so und so verhalten ...«
»Mir hat jemand gesagt, man sollte es so und so machen, mir hat das sehr eingeleuchtet ...«
Was mir einleuchtet, muß dem anderen noch lange nicht einleuchten. Und was mir geholfen hat, muß dem anderen nicht hilfreich erscheinen.
Was kann der Seelsorger statt dessen tun?
Er kann Möglichkeiten, praktische Lösungen, Vorschläge verschiedenster Art anbieten und das Für und Wider mit dem Ratsuchenden auf dem Hintergrund von dessen persönlichem Erlebensschema durchdenken. Wenn der Ratsuchende sich dazu äußert, kommen seine Widerstände, seine Wünsche und Ziele klarer ans Licht. Er gibt zu erkennen, warum er hier eine Chance sieht und dort keinen Weg beschreiten will oder kann. Der Seelsorger überfordert dabei sein Gegenüber nicht. Handeln wir anders, stülpen wir dem

Ratsuchenden ein vorgefertigtes Kleid über, das er nicht tragen kann und will. Wir drücken ihm ein Rezept in die Hand, das er nicht befolgen kann. Hinzu kommt, daß er sich nicht verstanden fühlt, daß er Abwehr und Unwillen entwickelt, daß er sich bevormundet fühlt und leicht dem Seelsorger den »Schwarzen Peter« zuschiebt, wenn sein Rat sich als falsch erweist.

8. Der Seelsorger muß zuhören können

Die Kunst des Zuhörens ist schwieriger als die Kunst des Sprechens. Zuhören erfordert Disziplin. Sie kann nur durch ständige Übung erworben werden.

Zuhören ist mehr als hören. Es meint die innere *Mitbeteiligung.* Es meint nicht nur ein Zur-Kenntnis-Nehmen, sondern ein *Mitleben* mit dem anderen. Denn nicht der Seelsorger steht im Mittelpunkt, sondern der Ratsuchende. Nicht die Meinung des Seelsorgers – und sei sie geistlich überdurchschnittlich – bestimmt das Gespräch, sondern die Gefühle, Probleme, Meinungen und Vorstellungen des Ratsuchenden stehen im Mittelpunkt. Wer auf den anderen konzentriert ist, kann alle Andeutungen und Hinweise registrieren, kann verborgene Wünsche und Ziele erraten.

Zuhören verlangt auch mehr Kraft als Sprechen. Der Seelsorger konzentriert sich auf das Wesentliche und hört gleichzeitig die Ober- und Untertöne mit. Auch Gesten, Lächeln und sonstiger Gesichtsausdruck, Körperhaltung und Tränen sind Teile der gesamten Mitteilungen, die der Seelsorger vernehmen sollte. In ihr findet er Anhaltspunkte für individuelle Verhaltensmuster und bestimmte Abwehrmechanismen.

Wir haben an anderer Stelle über die *tendenziöse Apperzeption* – die verzerrte, subjektive Wahrnehmung – gesprochen. So kann es dem Seelsorger passieren, daß er nur mit *einem* Ohr hinhört, daß er wichtige Aussagen *überhört* und daß er sich *verhört.* Ohne daß er es merkt, sieht er in den Bericht des Ratsuchenden etwas anderes hinein. Aufgrund seines subjektiven Wahrnehmungsschemas, das heißt auf dem Hintergrund seines individuellen Hörens, bekommen bestimmte Aussagen ein anderes Gewicht, als der Ratsuchende

ihnen beimessen wollte. Andere Aussagen werden verharmlost, unter- oder überbewertet.
Der amerikanische Therapeut Reik hat vom Hören mit dem »dritten Ohr« gesprochen. Unser Vor-Urteil ist mit im Spiel. Wir deuten um, lassen weg, verkürzen, bewerten und beurteilen. Es ist von daher wichtig, daß der Seelsorger sich gleichzeitig selbst beobachtet, und auf sich hört, in sich hineinhört und daß er gleichzeitig seine Aufmerksamkeit auf den Partner richtet.
Mit der subjektiven Wahrnehmung hängt es zusammen, daß beim Seelsorger bestimmte Worte des Ratsuchenden bestimmte Gedankenverbindungen auslösen, die wenig mit den Gefühlen und Absichten des Ratsuchenden zu tun haben. Die Worte Scheidung, Sünde, Ehebruch, Vater und Angst werden vom Seelsorger mit anderen Reaktionen und Assoziationen verknüpft als vom Ratsuchenden. Dem Mißverständnis sind daher keine Grenzen gesetzt. Was für den einen harmlos ist, ist für den anderen schwerwiegend. Was der eine leichthin abtut, versteht der andere als schwere Sünde. Was der eine als Anruf Gottes deutet, erklärt der andere als Wunsch des Herzens. Dem Wort *Lüge* mißt der eine eine geringe Bedeutung bei, weil für ihn die Lüge zum Massensport geworden ist und er die Journalisten, die Politiker, die Wettervorhersager und Meinungsmacher für Lügner hält; dem anderen ist die Lüge ein großes sündhaftes Vergehen, das mit schweren Delikten auf gleicher Ebene steht. Er hat vielleicht eine sehr strenge und am Buchstaben orientierte Erziehung genossen, die ein Leben lang Genauigkeit und Ehrlichkeit in Wort und Tat widerspiegelte.

Weiterhin gilt für das Zuhören, daß wichtig ist, was der Ratsuchende *meint*, nicht das, was er *gesagt* hat.
Frau M. kommt im Laufe des Gesprächs auf die kurze Mode zu sprechen.
»Als Christin lehne ich diese Mode entschieden ab. Sie verleitet zur Sünde. Und wir sollten uns nicht schuldig machen.«
An vielen anderen Stellen zeigt sie allerdings eine mehr als fortschrittliche Einstellung. Sie schminkt sich und gestattet es sich auch, ihren Busen offenherzig zu zeigen. Was sie *gemeint* hat, das kommt in einer anderen Beratungsstunde zum Vorschein, als es um

ihr Selbstverständnis geht, um ihre Identität, um ihr Selbstwertgefühl.
Ich: »Wenn Sie in den Spiegel schauen, sind Sie mit sich zufrieden?«
Sie: »Nein, das war ich noch nie. Schon als Kind hat man mich immer ›unsere Dicke‹ genannt. Sehnlichst habe ich mir eine knabenhafte Figur gewünscht, und Sie sehen ja, meine Beine sind viel zu dick.«
Wahrscheinlich würde sie auch kürzere Kleider tragen, wenn es ihre Figur zuließe. Sie hat aus der Not eine Tugend gemacht und sagt, daß sie die Mini-Mode aus christlichen Motiven heraus ablehne. Sie hat *rationalisiert* und glaubt an das, was sie gesagt hat.

Leitmotive kehren wieder. In der Regel kommen schon im ersten Gespräch die Gedanken, die den Ratsuchenden eigentlich bedrängen, in verschiedenen Variationen zum Vorschein. Es kann sein, daß *Mißtrauen* gegen Menschen ein vorherrschender Charakterzug ist. Wo er Menschen ins Gespräch bringt, taucht sein eingefleischtes Mißtrauen auf. Er mißtraut der Schwiegermutter und dem Chef, dem Nachbarn und seiner eigenen Frau.
In die Sprechstunde kommt eine Frau, deren Leitmotiv die *Zurücksetzung* ist. Nach der Begrüßung in der ersten Stunde sagt sie:
»Ich stand schon im Begriff zu gehen (sie war etwa 10 Minuten später als verabredet ins Zimmer geführt worden). Wahrscheinlich denkt er gar nicht mehr an dich. Wahrscheinlich hat er's ja auch gar nicht nötig, habe ich gedacht.«
Ich: »Nein, wir sind verabredet und haben jetzt eine Stunde füreinander Zeit.«
Sie: »Ich wundere mich, daß es überhaupt geklappt hat. Im Ernst, ich werde im Leben immer übersehen, ich weiß auch nicht, woran das liegt. Wenn ich was wollte, wurde nichts daraus. Ich kam zu spät oder wurde wieder weggeschickt.«
Solche Leitmotive ziehen sich durch das ganze Leben und stehen unsichtbar über allen Begebenheiten. Solche Leitmotive und Gedankenwiederholungen können mit Animosität gegen Ungerechtigkeit, Zweifelsucht, Autoritätsfeindlichkeit, Feindseligkeit und ständigem Beleidigtsein verknüpft sein.

9. Der Seelsorger darf sich nicht gegen Dritte verbünden

In jeder Beratung und Seelsorge kann es bewußt oder unbewußt geschehen, daß sich Seelsorger und Ratsuchender gegen einen Dritten verbünden, beispielsweise
- gegen den Ehepartner,
- gegen die Schwiegermutter,
- gegen die Kinder,
- gegen den Pfarrer,
- gegen Dritte überhaupt.

Besonders in der Paarberatung muß der Seelsorger achtgeben, daß er sich nicht auf eine Seite schlägt.

Die falsche Identifikation. Der beratende Seelsorger *akzeptiert* den Ratsuchenden, begegnet ihm mit Wärme und Wertschätzung, aber wahrt auch Distanz und vermeidet eine *falsche* Identifizierung, eine falsche In-eins-Setzung.

Frau G. hat Eheprobleme. Sie ist zwölf Jahre verheiratet und hat von ihren eigenen Kindern erfahren, daß ihr Mann ein Verhältnis zu seiner Sekretärin hat.

»Er hatte unsere Brigitte, sie ist elf Jahre alt, mit in die Firma genommen. Und stellen Sie sich vor, er hat in ihrem Beisein die Sekretärin in den Arm genommen, ihr die Haare gestreichelt und sie liebkost. Es ist eine Unverschämtheit!«

Wie *kann* der Seelsorger reagieren?

Seelsorger: »Das ist wirklich ein starkes Stück, das muß ich sagen!«

Oder: »Sie haben recht, das ist unverantwortlich!«

In dem Augenblick, wo er seiner Entrüstung freien Lauf läßt, hat er sich unmerklich auf die Seite des Ratsuchenden geschlagen – und zwar gegen den Ehemann. Er nimmt Partei. Die Ratsuchende versucht, den Seelsorger für sich zu gewinnen. Sie rechnet jetzt mit seiner Schützenhilfe.

Ohne daß er es will, hat der Seelsorger eine Vorentscheidung getroffen. Ein mögliches Gespräch mit dem Ehemann steht von vornherein unter einem falschen Vorzeichen. In dem Augenblick dann, wo er seine Position ändert, um sich nicht vom Gegenüber einfangen zu lassen, verliert er den Ratsuchenden, der sich zu Recht enttäuscht fühlen muß. Eine sachliche Erörterung des Problems ist nicht mehr möglich. Die *zwischenmenschlichen Motive* können nicht mehr genügend berücksichtigt werden. Die Frau muß davon überzeugt sein, daß der Mann der allein Schuldige ist, daß sie mit seinem Ehebruch nichts zu tun hat. Also bleibt ihr möglicher Anteil an der partnerschaftlichen Misere unberücksichtigt. Wenn der beratende Seelsorger den Gesprächsverlauf nicht unnötig erschweren und den Bericht des Ratsuchenden nicht ins falsche Gleis lenken will, kann er nur verstehend und teilnehmend, mitempfindend und mitdenkend das Gesagte zur Kenntnis nehmen.

Viele Motive können eine Rolle spielen, die ein ungewolltes Bündnissystem entstehen lassen:

- Der Seelsorger kann persönlich von einem Partner stärker angezogen werden;
- der Seelsorger kann aus persönlichen Gründen (und das ist vermutlich sein eigenes Problem) die angesprochenen Beratungssymptome ausgesprochen widerlich und abstoßend finden;
- der Seelsorger kann sein Gegenüber in seinem Verhalten und in seiner Erscheinung unsympathisch, taktlos und wenig liebenswert finden;
- der Seelsorger kann durch die sprachlich geschickten Ausdrucksmöglichkeiten eines Partners und dessen überlegene Darstellung eines Problems leichter für diesen Ratsuchenden eingenommen werden;
- ein Ratsuchender kann besonders um die Gunst des Seelsorgers buhlen;
- ein Ratsuchender *will Recht bekommen* und versucht mit *allen Mitteln*, den Seelsorger auf seine Seite zu ziehen.

Was kann der Seelsorger tun, wenn ein Ratsuchender *glaubt*, daß sich der Berater gegen ihn mit einem anderen verbündet hat?

Wir halten fest, es kann sich um ein Gefühl handeln, um eine Vermutung, die auf alle Fälle ernst genommen werden muß. Solche Gefühle werden sofort mit allen Beteiligten besprochen und in den Beratungsverlauf eingebaut. Wer solche laut oder leise geäußerten Unterstellungen übersieht oder übergeht, kann die tragfähige Beziehung gefährden.

10. Der Seelsorger richtet nicht

Der beratende Seelsorger sollte sich hüten, vorschnell eine Sache als gut oder böse, richtig oder falsch zu *bewerten*. Das Neue Testament betont wiederholt, daß wir nicht richten sollen.
»Richtet nicht, auf daß ihr gerichtet werdet« (Matth. 7,1).
»Daher laßt uns einander nicht richten« (Röm. 14,13).
»Wer aber bist du, daß du dich zum Richter über deinen Nächsten machst?« (Jak. 4,12).
Wir haben kein Recht, uns das richterliche Urteilen Gottes anzumaßen. Uns steht es nicht zu, zu verurteilen, zu fluchen und zu verfluchen.
»Richte deinen Nächsten nicht, bis du in die gleiche Lage gekommen bist«, sagt ein Zeitgenosse Jesu. Es war die Praxis des Pharisäers, den Sünder unbarmherzig zu verurteilen. Man würde allerdings dieses Wort mißverstehen, würde es zur Billigung jeglicher Unmoral führen. Recht bleibt Recht, und Böses bleibt Böses.
Warum ist Richten problematisch?

- Weil der Ratsuchende Angst haben muß, verurteilt zu werden, sich daher nicht frei genug fühlt, offen und unbeschwert zu sprechen;
- weil der Ratsuchende der Gefahr erliegen könnte, aus Angst vor Verurteilung bestimmte Probleme auszuklammern, zu heucheln und noch schwerer an seinem Konflikt zu tragen;
- weil der Seelsorger mit bestimmten Verabsolutierungen dem Ratsuchenden den Weg zum befreienden Glauben verbarrikadieren kann;
- weil der beratende Seelsorger in der Gefahr steht, dem Ratsuchenden sein Konzept des Lebens und Glaubens aufzubürden und ihm seine eigenen Richtlinien als absoluten Maßstab zu empfehlen;
- weil er ihm die Freiheit beschneidet, den eigenen Weg des Glaubens und des Lebens im Lichte des Wortes Gottes zu beschreiten.

Die nicht richterliche Haltung hat nichts mit Gleichgültigkeit gegenüber Recht und Unrecht, Sünde und Nichtsünde, sozialen und moralischen Vorstellungen zu tun. Eine bestimmte Theorie

könnte zur Großzügigkeit verleiten, zur falsch verstandenen Toleranz, zur Duldung von Sünde, Schuld und Unrecht.
Was sind richtende oder wertende Formulierungen?
»Für meine Begriffe haben Sie eine falsche Vorstellung von Rechtfertigung ...«
»So einfach, wie Sie sich das mit dem Glauben machen, dürfte es wohl nicht sein.«
»Als Theologe muß ich dem widersprechen ...«
»So kann ich Ihre Interpretation nicht hinnehmen ...«
»Sie haben aber eine entschieden alttestamentliche Vorstellung von Liebe und Ehe ...«
»Wenn Sie so weitermachen, dürfen Sie sich nicht wundern, wenn Ihr Mann aus dem Haus läuft.«
Vielen Ratsuchenden gelingt es, durch unbewußte geschickte Bemerkungen den Seelsorger zum Urteilen zu verleiten. Wer vermutet, *abgekanzelt* oder wer befürchtet, verurteilt zu werden, beugt auf geschickte Weise vor. Oft ist es ein Arrangement des Lebensstils mit dem Ziel, einem negativen Urteil aus dem Wege zu gehen.
Etwa so:
Herr S. sagt: »Was ich Ihnen jetzt sage, das weiß ich genau, ist eine Schweinerei, eine Sünde. Das ist gar nicht zu entschuldigen.«
Oder:
»Ich habe mir eine Sache geleistet, das ist das Hinterletzte.
Ich verstehe mich selbst nicht. Dafür hat man keine Worte.«
Oder:
»Ich habe eine entsetzliche Sünde begangen. Ich wage kaum, die Augen aufzuschlagen.«
»Bisher sind alle über mich hergefallen, die ganze Verwandtschaft hat mich fertiggemacht, jeder hat mir neue Sünden vorgehalten.«
Besonders der letzte Ausspruch macht deutlich, wie der Ratsuchende danach lechzt, endlich jemand zu finden, der ihn nicht *verurteilt* und abstempelt.
Die Falle für den Seelsorger ist geschickt gestellt, jetzt unsachlich zu verharmlosen oder wertend einzugreifen. Der Seelsorger könnte die letzte Formulierung so aufgreifen: »Jeder hat Ihnen Ihre Sünden vorgehalten, erwarten Sie das von mir auch?«
In diesem Fall handelt es sich bei dem Ratsuchenden um einen

Menschen, der schon als Kind wiederholt verurteilt wurde. Anklagen und negative Wertungen hat er zur Genüge gehört. Er verwendet nun unbewußt einen Kunstgriff der Seele, sich selbst schlecht zu machen, um damit dem anderen, dem Vater, dem Lehrer, dem Seelsorger oder Geprächspartner den Wind aus den Segeln zu nehmen. Der Gesprächspartner hat dann etwa auf der Zunge zu sagen:
»So schlimm wird es wohl nicht sein.«
Oder der Seelsorger sagt am Ende eines solchen Berichts: »So ungeheuerlich war es ja nun wirklich nicht.«
Der Ratsuchende hat übertrieben, um den Seelsorger geneigt zu stimmen. Er weiß, daß Reue im allgemeinen Wohlwollen weckt. Und Wohlwollen erwartet er.
Zu einer versteckten Form des Urteilens und Richtens kann sich der Seelsorger verleiten lassen, wenn er den Ratsuchenden darauf aufmerksam machen will, daß er ihn gut verstanden hat. Besonders wenn er vorschnell ein entsprechendes Votum abgibt, kann es mißdeutet werden. Der Seelsorger sagt etwa:
»Ich habe eine relativ klare Vorstellung von dem, was Sie mir erzählt haben.«
Oder:
»Ich kann nur sagen, mir ist schon vieles klargeworden.«
Oder:
»Ihr Problem kann ich rundum verstehen!«
Besonders problematisch ist es auch, Vergleiche mit anderen »Fällen« anzuführen.
»Mir schießt es so durch den Kopf, Ihre Geschichte hat sehr viel gemeinsam mit den Erlebnissen eines Ratsuchenden, der genau wie Sie enttäuscht wurde.«
Wie kann der Ratsuchende darauf reagieren?
Muß er nicht das Gefühl haben, daß der Seelsorger mit seinen Urteilen schnell bei der Hand ist? Daß er sich in ein bestimmtes Schema oder Kästchen gesteckt sieht, wenn er von dem unpassenden Vergleich mit dem anderen Ratsuchenden hört? Daß der Seelsorger zur Klassifikation und damit zu Vereinfachungen neigt?

Kapitel 5

Der Lebensstil in der therapeutischen Seelsorge

Wenn wir einen Menschen *ganzheitlich* verstehen wollen, gleichgültig, ob es sich um einen gesunden oder einen kranken Menschen handelt, dann versuchen wir, den *Lebensstil* dieser Person zu erfassen.
Der Mensch ist eine *Einheit*,
der Mensch ist ein geschlossenes *System*,
der Mensch ist ein *Ganzes* aus Leib, Seele und Geist.
Drei Dimensionen sind nahtlos miteinander verbunden. Und dieser ganze Mensch bewegt sich nach bestimmten Gesetzmäßigkeiten durchs Leben. Ihn charakterisiert eine bestimmte *Leitmelodie*, eine bestimmte Ausdruckskraft. Diesen Schlüssel, mit dem wir die Hauptaspekte des Menschen aufschließen können, nennen wir *Lebensstil*.
So wie ich mit dem Generalschlüssel ein Haus aufschließe und mir alle Räume und Gemächer zugänglich mache, so verschaffe ich mir mit der Analyse des Lebensstils Zugang zu den Hauptcharakterzügen des Menschen.
Mit dem Lebensstil verstehe ich seine *Hauptprobleme*,
mit dem Lebensstil verstehe ich seine Verhaltensmuster,
mit dem Lebensstil verstehe ich seine Stärken und Schwächen,
mit dem Lebensstil verstehe ich seine psychischen Störungen, seine *psychosomatischen Krankheiten*, seine *Fehlverhaltensmuster* und seine *Sünden*.
Im Lebensstil sind auch die positiven und negativen Glaubensüberzeugungen enthalten.
Der Begriff stammt von Alfred Adler, dem Begründer der Individualpsychologie. Er hat auch dem therapeutischen Seelsorger ein Instrument in die Hand gegeben,
- Glaubensprobleme und Lebensprobleme,
- Ehe- und Familienkonflikte,
- Beziehungsstörungen und individuelle Schwierigkeiten zu verstehen.

1. Umschreibungen des Lebensstils

Die Frage nach dem Lebensstil kann man auch mit anderen Formulierungen stellen. Dann lautet sie etwa: Was ist

- mein Lebensskript,
- mein Rollenbuch,
- meine private Weltanschauung,
- meine individuelle Glaubenseinstellung,
- mein Lebensplan,
- meine private Logik,
- mein Lebensschema,
- meine subjektive Art
  zu denken,
  zu fühlen,
  zu handeln,
  zu leben,
  zu lieben,
  zu glauben,
  zu kommunizieren,
- meine persönliche Auffassung
  von mir selbst,
  von anderen,
  von der Welt,
  von den Zielen,
  von den Verhaltensmustern.

Der Lebensstil beinhaltet:

- meine Leitmelodie,
- meinen Lebensentwurf,
- meine Lebensschablone, die ich über alle Ereignisse stülpe.

2. Die fünf Aspekte des Lebensstils

Den Lebensstil kennzeichnen fünf Aspekte (in der Darstellung mit L 1 bis L 5 gekennzeichnet).

- Alle fünf Aspekte sind aufeinander bezogen. Jeder Aspekt korrespondiert mit allen anderen.
- Die Schwerpunkte der Aussagen in den fünf Aspekten ergeben den Lebensstilschlüssel. Er verschafft Zugang zu allen positiven und negativen Denk- und Verhaltensmustern des Menschen.

Schauen wir uns die fünf Lebensstilaspekte des Menschen genauer an.

a) Welche Meinung habe ich über mich selbst?

(Lebensstilaspekt L 1)

Es geht um meine Selbsteinschätzung:
- um meinen Selbstwert,
- um meine Leistung,
- um meine Gesundheit,
- um meine Bedeutung.
- (Die Meinung kann richtig oder falsch sein.)

Es geht um meine Selbstwertstörungen:
- um meine Minderwertigkeitsgefühle,
- um mein mangelndes Selbstbewußtsein,
- um meine Durchsetzungsschwäche,
- um meine Entscheidungsschwäche.

Es geht um die Schlußfolgerungen, die ich gezogen habe:
- ich bin kein richtiger Mann,
- ich bin keine richtige Frau,
- ich bin ein Feigling,
- ich bin faul,
- ich bin klein,
- ich bin ängstlich,
- ich bin unsicher,
- ich bin gefühlsbetont,
- ich bin rational eingestellt,
- ...

Welche Wünsche habe ich an mich?
- ich sollte tapfer sein,
- ich sollte klüger sein,
- ich sollte ehrlicher sein,
- ich sollte mutiger sein
- ...

Kenne ich meine Stärken? Kann ich zehn Dinge nennen, die ich an mir gut finde, und für die ich dankbar bin?

1. ______________________________

2. ______________________________

3. ______________________________

4. ______________________________

5. ______________________________

6. ______________________________

7. ______________________________

8. ______________________________

9. ______________________________

10. ______________________________

Wo sehe ich Schwächen an mir? Kann ich diese Schwächen annehmen? Welche sind es?

1. ______________________________

2. ______________________________

3. ______________________________

4. ______________________________

5. ______________________________

6. ______________________________

Wo kann ich mich weiterentwickeln? Was will ich verändern?

1. ______________________________

2. ______________________________

3. ______________________________

4. ______________________________

b) Welche Meinung habe ich über andere? – Welche Meinung haben die anderen über mich?

(Lebensstilaspekt L 2)

Wie beurteile ich andere Menschen?

- Stehe ich ihnen freundlich gegenüber?
- Stehe ich ihnen feindlich gegenüber?
- Sehe ich in ihnen Konkurrenten?

Habe ich Vorurteile gegen Männer oder gegen Frauen?

- Frauen schwätzen;
- Frauen sind eitel;
- Frauen sind falsch;
- ...
- Männer sind alle brutal;
- Männer sind alle herrschsüchtig.

Vergleiche ich mich mit anderen?

- Andere sind größer,
- andere sind hübscher,
- andere sind besser, intelligenter, charmanter,
- ...

Weiche ich Menschen aus?

- Verhalte ich mich distanziert?
- Verhalte ich mich mißtrauisch?
- ...

Wie sehen die anderen mich?

- Als arrogant,
- als überheblich,
- als stolz,
- als graue Maus,
- als höflich,
- als unterwürfig,
- als Herrscher,
- ...

Welches Leitmotiv bestimmt mein Verhältnis zu anderen?
- Vor Älteren nimm' dich in acht!
- Die Älteren wollen dich unterdrücken!
- Anderen Menschen gegenüber kannst du Vertrauen haben!
- ...

c) Welche Meinung habe ich über die Welt, das Leben und Gott?

(Lebensstilaspekt L 3)

Wie erlebe ich die Welt?
- Dunkel,
- gefährlich,
- ein Jammertal,
- bedrohlich,
- wunderbar,
- erfreulich.
- Ist die Welt eine Herausforderung oder eine Bedrohung?
- Ist die Welt mein Arbeitsfeld oder ein Straflager?
- Ist die Welt mehr Fluch als Segen für mich?

Wie beurteile ich das Leben im allgemeinen?
- Lohnt sich das Leben?
- Entwickele ich einen Sinn im Leben?
- Spielt mir das Leben einen Streich?
- Ist das Leben lebenswert?
- Ist es bedrückend?
- Ist es aufregend?
- Ist es dramatisch?
- Ist das Leben sinnlos?
- Ist das Leben ein Geschenk Gottes?
- Ist das Leben eher eine Bedrohung?
- Ist das Leben in erster Linie eine Pflichterfüllung oder Gottes Chance für mich?

Was drücken diese Antworten in bezug auf Gott aus?
- Was kann man schließen?

- Was kann man erraten?
- Was sagen die Antworten über meine Lebensgrundüberzeugungen aus?

Ziehe ich mich aus der Welt zurück?
- Ziehe ich mich aus dem Leben zurück?
- Meide ich die böse Welt?

Auch der Glaube ist die Widerspiegelung meines Lebensstils:
- Habe ich Vertrauen?
- Bestimmt mich Mißtrauen?
- Habe ich Zweifel, habe ich Angst?
- Bin ich tolerant oder intolerant?
- Bin ich rechthaberisch?
- Bin ich buchstabengläubig?
- Bin ich perfektionistisch?
- Reagiere ich mit krankhaften Schuldgefühlen?
- Sehe ich in Gott eher den Richter als den Erlöser?
- Handle ich so, als ob ich mir die Erlösung verdienen müßte?

d) Welche Meinung habe ich über meine Ziele?
(Lebensstilaspekt L 4)

Es handelt sich bei der Frage nach den Zielen nicht in erster Linie um bewußte Ziele, um etwas, was der Mensch sich als Lebensaufgabe gestellt hat. Die Frage nach den Zielen im Zusammenhang der Lebensberatung meint *unerkannte* und *unbewußte* Leitideen, die unser Leben bestimmen, die uns auch tyrannisieren können.

Welche unerkannten Leitmotive können uns belasten?
- Übergroßer Ehrgeiz,
- Arbeitssucht,
- Entscheidungsschwäche,
- Perfektionismus,
- Zwangsgedanken,
- ständige Versagensgefühle,
- ...

Welche Ziele verfolge ich?

- Welche Langzeitziele strebe ich an?
- Welche Lebensgrundüberzeugungen strebe ich an?
- Welche Leitideen lebe ich?
- Welche Fernziele bestimmen mein Bewegungsgesetz?

Was sind Fernziele?

Einige Beispiele:

- Ich will der Erste sein, im Leben, in der Ehe, im Beruf;
- ich muß mir den Schutz anderer sichern;
- ich muß andere dazu bringen, daß sie mich bemitleiden;
- ich muß allen Menschen gefallen;
- ich muß alles kontrollieren;
- ich brauche immer andere, auf die ich mich verlassen kann;
- ich will etwas Besonderes sein;
- ich muß gut sein (besser als andere);
- ich muß moralischer sein (moralischer als andere);
- ich muß immer Recht behalten;
- ich komme nur durch Unterordnung zum Ziel;
- ich übernehme die Märtyrerrolle und verschaffe mir damit den größten Respekt;
- ich muß perfekt sein;
- ich will Alles oder Nichts;
- ich kenne nur eine Devise: Ganz oder gar nicht.

Welchen Preis zahle ich für solche Ziele?

Unter Umständen:

- Nervosität und Hektik,
- Überforderungsbeschwerden,
- psychosomatische Störungen,
- Ängste und Depressionen,
- Arbeitsunfähigkeit,
- . . .

e) Welche Mittel und Methoden benutze ich, um meine Ziele zu erreichen?

(Lebensstilaspekt L 5)

Die Mittel und Methoden, um ein Ziel zu erreichen, können vielseitig sein. Ich kann positive und destruktive Mittel benutzen.

Ich benutze:
- Jähzorn,
- Aggression,
- Charme,
- Nachgiebigkeit,
- Kritik,
- Erpressung,
- Demütigung,
- Rachsucht,
- Eifersucht,
- Mißtrauen,
- Angst,
- Empfindlichkeit,
- ...

Ich kann alle Abwehrmechanismen benutzen:
- Regression (ich weiche in kindliche Verhaltensmuster aus);
- Rationalisierung (ich rede mich heraus und glaube an die Ausreden);
- Projektion (ich schiebe die Schuld auf andere);
- Vermeidung (ich stelle mich nicht und weiche aus);
- Identifizierung (ich setze mich und andere Personen in eins, um Auseinandersetzungen zu vermeiden);
- Verdrängung (ich will bestimmte Sachverhalte nicht wahrhaben, ich schlucke sie und belaste meinen Körper);
- Kompensation (ich glaube, ausgleichen zu müssen, weil ich mich klein, schwach und hilflos fühle).

Immer wieder lautet die Frage:
Was will ich mit den Arrangements und Verhaltensmustern bezwecken?
- *Mit Langsamkeit,*
- mit Ungeduld,
- mit Bettnässen,
- mit Krankheit,
- mit übertriebenem Ehrgeiz,
- mit Mißtrauen,
- mit Jähzorn,
- ...

Merksatz: Schauen Sie auf das, was geschieht, wie die Umgebung auf Ihre Verhaltensmuster reagiert, und Sie wissen, was Sie selbst mit Mitteln und Methoden bezwecken wollen.

Kapitel 6

Die Lebensstil-Kurzfassung

Für die therapeutische Seelsorge ist es hilfreich, eine Lebensstil-Kurzfassung zu finden, die die wesentlichen Merkmale einer Persönlichkeit treffend erfaßt. Wie der Schattenriß eines Gesichts die Hauptgesichtszüge verdeutlicht, so beschreibt die Lebensstil-Kurzfassung plakativ die zentralen Wesenszüge eines Menschen. Für die *Korrektur* des Lebensstils sind solche Vereinfachungen angemessen. Für die *Gesinnungsänderung* heben sie die kritischen Aspekte ins Licht. Bei der Erarbeitung des Lebensstils sind allerdings einige Grundsätze zu beachten. Machen wir uns die *Erneuerung des Denkens* an einem Beispiel deutlich:

1. Lebensstil-Kurzfassung: »Ich bin der Sonnenschein«

Die Formulierung verdeckt, daß der »Sonnenschein« neben der positiven Ausstrahlung auch eine Schattenseite aufweist.
Es ist erforderlich,
- daß der Ratsuchende solche Formulierungen uneingeschränkt bestätigt;
- daß der Ratsuchende *selbst* diese Charakterisierung verrät, ohne selbst vielleicht zu ahnen, was er damit ausdrückt;
- daß der Seelsorger in Gesprächen solche treffsicheren Selbstaussagen erkennt.

Welches sind die positiven Aspekte des Sonnenscheins?
- Der Sonnenschein ist ein äußerlich *strahlender* Mensch. Wir sprechen nicht umsonst vom »Strahlemann« bzw. von der »Strahlefrau«. Er strahlt in der Regel Zuversicht, Lebensfreude, Optimismus und Ermutigung aus.
- Der Sonnenschein ist in der Regel im Umgang *unkompliziert.* Er verbreitet Sonne und keine Dunkelheit, er demonstriert das Helle und keine Traurigkeit.

- Der Sonnenschein ist in der Regel *pflegeleicht*. Er läßt sich problemlos lenken. Er reagiert auf den Augenwink. Er legt sich mit Eltern und Geschwistern nicht an.
- Der Sonnenschein verbreitet *Frieden*.
  Der Sonnenschein ist ein friedlicher Mensch. Er ist häufig ein guter Vermittler. Kampf ist das Gegenteil von Frieden. Der Sonnenschein geht dem Streit aus dem Weg.
- Der Sonnenschein verhält sich *angepaßt*.
  Mit ihm kann man sich sehen lassen. Der Sonnenschein ist als Kind ein Vorzeigewesen. Er macht den Eltern Freude und keinen Kummer.
- Der Sonnenschein hat vielfach ein *ansteckendes Glaubensleben*. Er wird um seine kindliche Gläubigkeit beneidet. Die »Frohe Botschaft« repräsentiert er wie kein anderer. Auch im Glauben wird auf den Sonnenschein-Christen oft hingewiesen.

Welches sind die negativen Aspekte des Sonnenscheins?
- Der Sonnenschein *muß* strahlen, wenn er seinem Ruf gerecht werden will. Dieses innere *Muß* belastet viele Sonnenschein-Menschen sehr. Sie haben das Gefühl, sie *dürfen* keine Trauer, keine Not, keine Schmerzen, keinen Unmut zeigen.
- Der Sonnenschein wird zum *Heuchler*. Er macht gute Miene zum bösen Spiel. Sein Gesicht verrät etwas anderes als sein Innerstes. »Wie's da drinnen aussieht, geht niemand etwas an.« Diese Operettenaussage kennzeichnet sein Leben. Er verleugnet seine wahren Gefühle. Er hat gelernt, daß sich dafür niemand interessiert.
- Der Sonnenschein steckt ständig *eigene Wünsche* zurück. Er weiß, daß er nur als Sonnenschein beliebt ist. Der Sonnenschein ist ja bekanntlich immer froh und glücklich. Er lebt von Luft und Sonne und hat sonst nichts nötig.
- Der Sonnenschein wird von anderen Menschen *verkannt*. Sie glauben ihm einfach nicht, daß er am Ende ist. Der Sonnenschein kann Depressionen so lächelnd *überspielen*, daß kein Mensch hinter seine Traurigkeit kommt. Der Sonnenschein will die Traurigkeit auch nicht zeigen. Er hat trainiert, nur die schöne Seite seines Lebens zu demonstrieren.

- Der Sonnenschein wird *ausgenutzt.* Er kann nicht oder nur sehr schlecht widersprechen. Er läßt sich übervorteilen und schluckt. Strahlend übernimmt er Aufgaben, weil er nicht widersprechen kann. Das Ziel, das er so zu erreichen sucht, lautet also: »Ich muß überall gefallen.«
- Der Sonnenschein verbreitet nach außen ein Glücksleben, *das Freude macht.* Der Sonnenschein präsentiert immer ein Dennoch des Glücks. Durch ansteckende Freude will er andere Menschen zum Glauben führen. Er stellt die Schokoladenseite des Glaubens ins Licht, die Leidensseite verschweigt er durch seine einseitige Lebensgrundeinstellung.

2. Welche Lebensgrundeinstellung versteckt sich hinter dem »Sonnenschein«?

Wir haben festgestellt: Hinter der Lebensstil-Kurzfassung »Ich bin der Sonnenschein« verbergen sich positive *und* negative Verhaltensmuster. Mein Verhalten ist immer auch von einer zugrundeliegenden *inneren Einstellung* geprägt.
Meine *Gesinnung* zeigt sich im Verhalten.
Meine *Denkmuster* spiegeln meinen Lebensstil wider.
Meine *inneren Überzeugungen* prägen meinen Alltag.
Diese inneren Überzeugungen sind den meisten Menschen nicht bewußt. »Sie handeln so, *als ob* sie genau wüßten, was sie wollen.« Diese philosophische Erkenntnis, die auf einen Kant-Schüler zurückgeht, hilft uns, die verinnerlichten Denkmuster zu verstehen. In der Tat wissen die meisten Menschen nicht, oder nur zu einem geringen Teil, was sie mit ihrem Lebensstil (»Ich bin der Sonnenschein«) zutiefst ausdrücken wollen.
Was kann denn der Sonnenschein mit seinem Lebensstil ausdrücken wollen?
- »Ich habe *erfahren*, wenn ich (beispielsweise in einer Familie mit mehreren Kindern) den Sonnenschein verkörpere, bin ich bei Eltern und Großeltern sehr beliebt.«
- »Ich will *ankommen*, ich finde *Bestätigung* am besten dadurch, daß ich als Sonnenschein mein Leben führe.«

- »Als Sonnenschein darf ich nicht streiten, nicht unglücklich sein, darf mich nicht böse und trotzig verhalten, sonst hat man mich nicht lieb.«
- »Je angepaßter und braver, höflicher und gehorsamer ich mich gebe, desto mehr Beachtung und Zuwendung bekomme ich.«
- »Zeig allen Menschen deine Schokoladenseite, dann bist du überall beliebt.«

Diese *Lebensleitmotive* haben allerdings ihre Kehrseiten. Und diese Kehrseiten sind es,
- die das Leben belasten,
- die den Glauben verzerren,
- die einen hohen Preis fordern.

Die Folgen können sein:
- Der Sonnenschein *glaubt*, er darf Traurigkeit, Sorgen und Nöte nicht zeigen, daher bleibt er mit seinem Kummer allein und leidet still vor sich hin.
- Der Sonnenschein zeigt nach draußen ein fröhliches und strahlendes Gesicht und *lügt*.
- Da der Sonnenschein alle Belastungen *verinnerlicht*, reagiert er mit psychosomatischen Störungen und Erkrankungen. »Da ich's wollte verschweigen, redeten meine Gebeine« (Psalm 32).
- Weil er gut dastehen will, kann er nicht nein sagen, wird ausgebeutet und murrt innerlich gegen die anderen und gegen Gott, die ihm ungerechterweise so viel zumuten.

Seelsorger, die mit den Ratsuchenden ein zugespitztes Leitmotiv des Lebens richtig erfaßt haben, verhelfen dem Betroffenen durch diese Analyse
- zu einer grundlegenden Lebensstil-Korrektur,
- zu einer Erneuerung des Denkens (Römer 12,2),
- zu einer innerlichen und äußerlichen Umwandlung.

Der Seelsorger hat sachlich und fachlich die Hintergründe und Motive der Ratsuchenden *aufgedeckt*. Es ist eindeutig ein Geschenk des Heiligen Geistes, wenn der Ratsuchende diese Erkenntnisse über sich selbst zu einer Erneuerung im Geist verwendet.

»Paßt euch nicht den Maßstäben dieser Welt an. Laßt euch eine neue Gesinnung schenken. Daran könnt ihr erkennen, was Gott von euch will. Ihr wißt dann, was gut und vollkommen ist und was Gott gefällt« (Römer 12,2).

Kapitel 7

Was ist ein Symptom? Welchen Sinn haben Symptome?

1. Das Symptom ist ein Krankheitszeichen. Es zeigt die Krankheit an, es ist aber nicht die Krankheit.
2. Das Symptom ist nur im *Ganzen* der Persönlichkeit zu verstehen. Das Symptom ist also ein final zu verstehender Ausdruck der Gesamtpersönlichkeit.
3. Das Symptom als finaler Ausdruck der Persönlichkeit ist ein aktives und kein passives Phänomen. Es kann passiv erscheinen, es hat aber einen aktiven Sinn.
4. Was ist der aktive Sinn der Symptome? Der Patient ist durch seine Krankheit verhindert, Lebensaufgaben zu lösen. Das Symptom ist eine Sicherung vor bestimmten Lebensaufgaben. Das Symptom kann sogar eine Sicherung vor dem Leben selbst sein und führt in schlimmen Fällen in die Kriminalität, in den Suicid, in die Psychose.
5. Das Symptom ist durch ein mehr oder weniger langes Training entstanden. Es ist als fehlerhafte Lebensorientierung greifbar. In der Lebensvorbereitung ist es in den Lebensstil eingebaut worden.
6. Symptome sind im eigentlichen Sinn *Lebens-Mittel.* Sie werden sorgfältig und umsichtig eingeübt und ausgebaut.
   Als Mittel zum Lebenkönnen sind es im wahrsten Sinne des Wortes Werkzeuge. Das Symptom ist daher »ein Kunstgriff der Seele« (A. Adler).
7. Symptome sind Mittel und Werkzeuge und werden – entsprechend des Lebensstils – im Sinne der Ziele des Menschen ausgewählt und bestimmt. Bestimmte Ziele bringen bestimmte Mittel hervor. Der Zweck heiligt die Mittel.
   Oft zeigt das Symptom den Zweck an, dem es dient. Studenten leiden am *Kopf,* den sie am stärksten für Examen und Prüfungen brauchen. Der Magersüchtige hat »den Appetit am Leben verloren« (Johannes Neumann).

Hinweise für den Seelsorger

1. Das Problem, das der Ratsuchende vorträgt, ist das Symptom, es ist nicht die Krankheit, nicht die Ursache.
   Symptome sind:
   - Rechthaberei,
   - Eifersucht,
   - Pubertätsmagersucht,
   - Depressionen,
   - Impotenz,
   - Frigidität,
   - Glaubenszweifel,
   - Grübelzwang,
   - Magengeschwüre,
   - krankhafter Ehrgeiz,
   - Perfektionismus,
   - Phobien,
   - ...

2. Die Aufgabe der therapeutischen Seelsorge ist es,
   - den *Sinn* des Symptoms im Leben der Ratsuchenden zu verstehen,
   - den *Zweck* des Symptoms zu kennzeichnen, den der Ratsuchende damit verfolgt,
   - den *Nutzeffekt* zu beschreiben, damit der Ratsuchende seine eigenen Strategien zu durchschauen lernt.

3. Mit Symptomen kann der Ratsuchende viele, meist unbewußte Ziele verfolgen:
   - er kann damit die Umgebung *erpressen*,
   - er kann damit eine besondere *Aufmerksamkeit* erregen,
   - er kann sich damit am anderen *rächen*,
   - er kann damit *Macht ausüben*,
   - er kann sie als *Krankheit benutzen*,
   - er kann sie pflegen, um *keine Verantwortung* zu tragen,
   - er kann *sich* damit vor Lebensaufgaben *drücken*,
   - er kann sie als *Flucht vor dem Leben* überhaupt in Dienst stellen,
   - er kann mit ihnen seinen *Willen durchsetzen*.

4. Wenn der finale, zielgerichtete Aspekt des Symptoms mit dem Ratsuchenden aufgedeckt wurde, werden auch die ungeistlichen und sündhaften Denk- und Überzeugungsmuster, die das Symptom aufrechterhalten, deutlich.

5. Je konkreter Seelsorger und Ratsuchender diese sündhaften Muster formulieren und bejahen, desto konkreter kann gebetet werden, um partnerschaftliche und geistliche Einstellungs- und Verhaltensmuster zu ändern.

»Rede dich nicht damit heraus, daß du nichts gewußt hast. Gott sieht dir ins Herz und weiß, ob du die Wahrheit sagst. Er belohnt oder bestraft jeden, wie er es aufgrund seiner Taten verdient hat« (Sprüche 24,12).

Kapitel 8

Therapeutische Seelsorge bei Ehe- und Partnerschaftproblemen

Die Paar-Seelsorge ist aus einer Reihe von Gründen schwieriger als Einzelseelsorge.

- In der Regel haben wir es mit *einer* Person, jetzt haben wir es mit *zwei* Ratsuchenden zu tun. Der Seelsorger muß auf doppelt so viele Eindrücke achten. Auch die Körperreaktionen und -signale von zwei Personen sollten gesehen werden.
- Häufig werden wir mit dem Problem des *einzelnen* konfrontiert, jetzt geht es um das Problem der *Ehe*. Im Mittelpunkt stehen die Probleme der Partnerschaft, nicht in erster Linie die Probleme *eines* Betroffenen.
- Es geht in der Paarberatung um die Herausarbeitung der *Interaktionsmuster*. Die Leitfrage lautet: Wie spielen die Partner zusammen? Welche zwischenmenschlichen Praktiken hat das Paar ausgebildet? Sind die Interaktionsmuster positiv oder destruktiv?
- Die Ehe ist ein *System*.

  Beide Partner sind aufeinander bezogen. Die Partnerschaft besteht aus ungeahnten Wechselwirkungen. Die Ehe als System ist ein vernetztes Gebilde. Nicht Ursache – Wirkungsmechanismen sind entscheidend, sondern Rückkoppelungsmechanismen. Das Verhalten des einen ist ohne das Verhalten des anderen nicht zu verstehen. Die Ehe kann auch mit einem *Organismus* verglichen werden.

  Beide leben zusammen;
beide existieren zusammen;
beide sind voneinander abhängig;
beide sind vollständig aufeinander angewiesen;
beide Eheleute sind lebensfähig durch den anderen.

1. Warum erbittet ein Mensch seelsorgerliche Gespräche?

Die Anlässe, die Gründe und Motive, die ein Ehepaar veranlassen, eine Beratung in Anspruch zu nehmen, können grundverschieden sein. Nicht jeder, der zur Seelsorge kommt, sucht ernsthaft Hilfe. Neun mögliche Motive lauten:

Der Ratsuchende kommt,

- weil er geschickt wurde,
- weil er sich rechtfertigen will,
- weil er allein nicht mehr zurecht kommt,
- weil er sich vergewissern will, ob er richtig handelt,
- weil er dem Partner zeigen will, daß er etwas tut,
- weil er (bei Ehepaaren) nur mitkommt, weil es der Partner wünscht,
- weil er einen Gesprächspartner sucht, der klären hilft,
- weil er von Ratschlägen abhängig ist,
- weil er unter Leidensdruck steht.

Die problematischste Ausgangssituation ist dabei die, daß ein Mensch nur auf den Druck von außen hin den Seelsorger aufsucht. Der Schriftsteller, Philosoph und Nobelpreisträger Manès Sperber schreibt:

»In etwa 3 oder 4 von 10 Fällen beginnt er mit der Bemerkung: ›Ich komme zu Ihnen, weil meine Eltern unbedingt darauf bestehen‹ – oder im Falle von Eheleuten: ›Mein Mann (bzw. meine Frau) drängt mich dazu, weil es mit mir nicht so richtig ist, müßte ich unbedingt einen Psychologen aufsuchen‹. Wenn Sie das akzeptieren, nämlich, daß er gekommen ist, um dem anderen etwas zu Liebe zu tun, indes er sich nicht als hilfsbedürftig betrachtet oder darstellt, können wir diese Reaktionen, den Ausgang dieser Behandlung, wenn nicht bestimmen, so doch im voraus weitgehend beeinflussen.
Sie müßten jedoch antworten: ›Wenn Sie nur deswegen kommen, so fürchte ich, wird alles für Sie eine große Enttäuschung sein, und ich werde wahrscheinlich nicht imstande sein, Ihnen zu helfen, wie Sie es nötig haben. Aber Sie sagen selbst, daß Sie es gar nicht nötig haben und nur kommen, weil man Sie dazu drängt. Sie glauben gar nicht, daß dabei etwas herauskommen kann, denn Sie sagen nicht: ›Ich komme, weil ich es nötig habe,‹ sondern: ›Man drängt mich.‹«[1]

Was will uns der Ratsuchende, der betont, daß er nur auf Drängen anderer gekommen ist, vermitteln?

- Was hier geschieht, hat eigentlich mit mir nichts zu tun.
- Ich bin geschickt worden. Die *andern* glauben, mit mir stimmt etwas nicht.
- Die *anderen* sehen in mir ein Problem, das sehe ich nicht in mir.
- Ich bin nicht sicher, daß Sie mir helfen können, denn völlig fragwürdig ist, ob ich überhaupt hilfsbedürftig bin.
- Sie werden erleben, daß ich völlig okay bin.
- Sie werden erleben, daß ich mich erfolgreich gegen die Beratung/ Therapie/Seelsorge zur Wehr setzen werde.
- Sie werden erleben, daß es *Widerstand* gibt.

In der Regel erfährt nur der Ratsuchende, der wirklich unter Leidensdruck steht, der ehrlich Hilfe sucht und sich als Christ der Herausforderung des Neuen Testaments stellt, eine wirksame Hilfe:
»Arbeitet an euch selbst in der Furcht vor Gott, damit ihr gerettet werdet. Ihr könnt es, denn Gott gibt uns nicht nur den guten Willen, sondern er selbst arbeitet an euch, damit seine Gnade bei euch das Ziel erreicht« (Phil. 2,12.13).
Das ist eine wunderbare Verheißung für Menschen, die sich auf den Weg machen, ihre partnerschaftlichen Schwierigkeiten zu lösen.

2. Der Mann in der Seelsorgepraxis

Bei der Beobachtung von Männern und Frauen in der Paarberatung lassen sich je unterschiedliche Tendenzen im Verhalten von Männern und Frauen feststellen.

- Männer erscheinen in der Regel widerstrebender in der Paarberatung;
- Männer sind eher der Meinung, sie müßten Ehekonflikte mit der Ehepartnerin allein austragen;
- Männer sind weniger bereit, sich Drittpersonen zu öffnen;
- Männer wollen in der Beratung einen guten Eindruck machen;
- Männer kommen bestenfalls einmal und fragen, wie man der Frau am besten helfen kann, die ja das Problem hat;

- Männer erwarten oft kurze und präzise Ratschläge;
- Männer vermeiden Auseinandersetzungen in der Beratung. Sie fürchten, alles wird nur schlimmer;
- Männer verhalten sich ihren anklagenden Ehefrauen gegenüber defensiv;
- Männer sind in ihrer Ehe weitgehend zufriedener als Frauen und möchten oft nichts Grundlegendes geändert haben;
- Männer erklären ihre Ehefrauen vor dem Berater zur »Patientin«, weil sie so laut und unsachlich klagen und lamentieren;
- Männer können weit weniger Gefühle zeigen;
- Männer gestehen ungern, daß sie Ängste und Schwächen haben;
- Männer sind selten in der Seelsorge aggressiv und unbeherrscht;
- Männer sind öfter als Frauen psychisch und psychosomatisch krank;
- Suicid, Alkoholismus und Kriminalität spielen bei Männern eine größere Rolle;
- Männer wirken in den Augen der Frauen arrogant, und zwar durch ihre mangelnde Einfühlsamkeit, durch ihr »Cool«-Sein.
- Männer brauchen eher Haltung und Selbstkontrolle;
- Männer haben eine wesentlich kürzere Lebenserwartung, sie müssen also in ihrem Selbstverständnis etwas falsch machen;
- Männer befinden sich in einer Beziehungfalle, in einer Double-bind-Situation. Sind sie tüchtig, werden sie nicht anerkannt, sind sie schlapp und schlaff, werden sie als unmännlich kritisiert. Was sie machen, ist falsch.

3. Die Frau in der Seelsorgepraxis

- Die Frau ist in der Regel diejenige, die die Initiative ergreift, die Beratung aufzusuchen.
- In der Paarsitzung übernimmt die Frau oft die Rolle der Anklägerin. Sie beschuldigt den Partner,
  er sei desinteressiert,
  er weiche aus,
  er habe kein Verständnis für sie,
  er unterdrücke die Frau,

er sei untreu,
er kümmere sich nicht um die Kindererziehung.

- Die Frau gibt eher körperliche und psychische Störungen an wie Nervosität, Erschöpfung und Verstopfung, Kopfweh, Schwindel, Schlafstörungen.
- Die Frau sieht keine Möglichkeit der Selbstentfaltung.
- Die Frau sucht intensiver als der Mann *Nähe*,
  sie sucht vorbehaltlose *Offenheit*,
  sie sucht absolute *Treue*,
  sie sucht mehr *Gemeinsamkeit* als der Mann.
- Sie will nicht
  von diesen Erwartungen abweichen,
  ihre Erwartungen herunterschrauben,
  in der Liebesbeziehung enttäuscht werden.
- Die Frau benutzt eher Drittpersonen, um sich über Bundesgenossen Gehör zu verschaffen, sie benutzt Kinder, Nachbarn, Freunde und Verwandte, um ihre Erwartungen zu rechtfertigen.
- Die Frau benutzt eher Körpersymptome, um zu erpressen, um ihre Schwäche als Hilfsappell zu benutzen.
- Sie ist in der Regel gefühlsoffener und leidensfähiger.
- Die Frau ist eher in der Lage als der Mann, Schwächen einzugestehen, und darin liegt ihre Stärke.[2]

4. Die verschiedenen therapeutisch-seelsorgerlichen Schritte in der Paarberatung

Wie jede andere seelsorgerliche Beratung vollzieht sich auch die Paarberatung als ein sich entwickelnder Prozeß mit einer Abfolge verschiedener Schritte.
Die 12 Schritte im Seelsorgeprozeß speziell der Paarberatung werden zunächst nur stichpunktartig behandelt und im folgenden Kapitel erläutert.

Schritt 1:
Der Seelsorger bemüht sich zu erreichen, daß beide Partner zu den Gesprächen kommen.

- Die zur Sprache kommenden Probleme sind Eheprobleme. Sie gehen beide an.
- Beide Partner halten in der Regel ein Problem aufrecht.
- Sucht nur ein Partner die Beratung auf, so bleibt der Berater beim Ratsuchenden. Die Frage lautet dann zunächst: Wie erlebt der Ratsuchende seine eigenen Probleme und die des Partners?
- Der Berater akzeptiert allerdings, wenn ein Ehepartner nicht an der Beratung teilnehmen will.

Schritt 2:
»Was ist Ihr Problem?«
- Genaue Erarbeitung des Problems.
- Jeder Ehepartner spricht für sich.
- Der Seelsorger wiederholt die Problematik der beiden.
- Der Seelsorger fragt nach dem Beratungsauftrag.

Schritt 3:
»Waren Sie schon bei anderen Seelsorgern, Beratern oder Ärzten?«
- Was hat das gebracht?
- Scheiterten die Gespräche? Warum?
- Ergeben sich aus dem Gesagten Hinweise auf die Erwartungen der Ratsuchenden?

Schritt 4:
»Erzählen Sie ein Beispiel, um die Probleme zu verdeutlichen!«
- Welche *Verhaltensmuster* tauchen dabei auf?
- Welche *Lebensstilmuster* des einzelnen werden deutlich?
- Welche *Interaktionsmuster* des Paares treten auf?

Schritt 5:
Was hat die beiden Partner vor der Ehe zueinander hingezogen?
- Welche Gesichtspunkte waren für die Frau entscheidend?
- Welche Gesichtspunkte waren für den Mann entscheidend?
- Welche Erwartungen wurden erfüllt?
- Welche Erwartungen wurden nicht erfüllt?

Schritt 6:
Was haben die Ehepartner bisher getan, um die Probleme zu lösen?
Die Antwort gibt Auskunft darüber, was der Seelsorger auf keinen Fall tun darf. Denn die Schritte, die beide Partner zur Lösung ihrer Probleme unternahmen, waren offensichtlich ungeeignet.
Der Seelsorger erfährt, wie die Ratsuchenden mit Lösungsvorschlägen umgegangen sind.
- Wer hat aufgegeben? Warum?
- Was haben sie gebetet?

Schritt 7:
Wie sehen die Beziehungsmuster aus?
- Die Partner versuchen, die zwischen ihnen bestehenden Interaktionsstrategien zu formulieren!
- Welche Muster sind positiv, welche sind destruktiv?

Schritt 8:
Welche Motive und Ziele drücken die Partner mit den Lebensstil-Beziehungsstrategien aus?
- Welche geheimen und damit unerkannten Motive verbergen sich hinter den Verhaltensmustern der beiden?
- Welche Absichten verfolgen sie?
- Welche Wünsche drücken sie mit ihren Strategien aus?

Schritt 9:
Wo gibt es geistliche Fehlhaltungen?
- Wo wird Sünde in der Partnerschaft deutlich?
- Können die Partner ihre Fehlhaltungen und Sünden als solche akzeptieren?
- Wie können sie lernen, konkret zu beten?

Schritt 10:
Müssen Sünden konkret gebeichtet werden?
- Der Wunsch muß von dem Ratsuchenden kommen.
- Die Sünden müssen konkretisiert werden.
- Kein allgemeines Sündenbekenntnis.

Schritt 11:
Alternativlösungen für den partnerschaftlichen Umgang werden erarbeitet.
- Vorsicht bei Vorschlägen des Seelsorgers!
- Kleine Schritte wählen!
- Alternativvorschläge ins Gebetsleben einbauen!

Schritt 12:
Ratsuchende und Seelsorger überprüfen die praktizierten Alternativlösungen.
- Funktionieren die Alternativlösungen?
- Wo gibt es Probleme? Warum?
- Mögliche Korrekturen der Alternativlösungen.

5. Praktische Hinweise für den Seelsorger

In der konkreten, jeweils besonderen Beratungssituation bietet das vorgestellte Schema einen hilfreichen Orientierungsrahmen. In der Praxis müssen nicht alle Schritte konsequent in der angegebenen Reihenfolge eingehalten werden. Grundsätzlich handelt es sich aber um wichtige Bausteine im seelsorgerlichen Prozeß.

● *Zu Schritt 1:*

Der Seelsorger bemüht sich darum, daß beide Partner zu den Gesprächen kommen. Wo liegen die Schwierigkeiten, wenn nur ein Partner zur Beratung kommt?

a) Der Ratsuchende *schildert* einseitig. Der Berater *hört* einseitig. Der Seelsorger kann sich einseitig beeindrucken lassen.
Er steht in der Gefahr, sich auf die Seite eines Ehepartners zu schlagen.

b) Je mehr der Seelsorger überzeugt ist, daß ein Partner Recht hat, desto eher besteht die Möglichkeit, daß er schon »ins System eingestiegen« ist. (»System« beinhaltet das gewohnte Ehemuster.

Das System charakterisiert ein partnerschaftliches oder auch ein unpartnerschaftliches, aber unverstandenes Zusammenspiel.)

c) Was ist zu tun, wenn der Seelsorger ins System eingestiegen ist? Er erhebt die *Einsicht* und die *Parteinahme* zum Gespräch; er macht gerade dieses Problem zum Thema. Das kann schon nach der ersten Stunde geschehen, es kann sich auch im Laufe der 6. oder 10. Gesprächsstunde ereignen. Eine Möglichkeit, eine fragwürdige Parteinahme zu artikulieren, kann lauten: »Ich möchte einen Punkt zum Gespräch erheben, der mir bei der letzten Sitzung deutlich geworden ist. Leider habe ich für Sie als Frau (oder für Sie als Mann) Stellung bezogen. Der Partner ist dadurch verärgert. Beide spielen dieses Spiel schon jahrelang. Der eine hat immer recht, der andere hat unrecht. Dieses negative Zusammenspiel löst keine Konflikte, sondern verstärkt sie. Wie erleben Sie das?«
Die Aussprache kann Fehleinschätzungen korrigieren.

d) Der Seelsorger bleibt bei dem Ratsuchenden, der allein kommt:
- bei *seinen* Empfindungen,
- bei *seinen* Erwartungen,
- bei *seinen* Befürchtungen,
- bei *seinen* Problemen.

Die Frage an ihn lautet: Was kann *er* tun, damit der andere zufrieden ist? Jede Umkehr beginnt bei mir, nicht beim anderen. Wer ständig *über* den Partner spricht, verliert den eigenen Schuldanteil aus dem Blick.

- *Zu Schritt 2: »Was ist Ihr Problem?«*

Nehmen Sie sich Zeit, das Problem zu definieren!
- Wenn möglich sollte der Seelsorger sich Notizen machen. Eine detaillierte Problembeschreibung ist wichtig, um die Ziele des Klienten im Blick zu behalten. Fragen Sie zurück, ob Sie den Klienten völlig verstanden haben. Wiederholen Sie die Punkte, die er Ihnen genannt hat!

– Bringen Sie das Problem auf den Punkt. Nicht selten redet jemand eine Viertelstunde. Er darf das. Sie haben die Möglichkeit, ihn anschließend zu fragen: »Können Sie noch mal zusammenfassen, um was es Ihnen geht?«

Helfen Sie dem Ratsuchenden, das Problem konkret und verständlich zu formulieren!

– Viele Ratsuchende finden nicht die richtigen Worte. Helfen Sie mit, Gefühle, Erlebnisse und Empfindungen zu formulieren. Der Ratsuchende soll sein Problem *beschreiben*, er soll es nicht *erklären*.
– Wir wollen keine *Begründungen*; die wollen wir gemeinsam herausfinden.
– Uns interessieren seine subjektiven Empfindungen. Was betrübt ihn? Was quält ihn?

Bearbeiten Sie das, was die Partner Ihnen angeben!

– Gehen Sie darauf ein, was der Ratsuchende will. Bearbeiten *Sie* das, was der Ratsuchende anspricht.
  Es ist nicht wichtig, was *Sie* wollen, was *Sie* sehen, was *Sie* für notwendig halten.
– Bevor Tests, Fragebogenbeantwortungen und die Erstellung der Familienkonstellation vorgenommen werden, hören Sie, was die Ratsuchenden Ihnen sagen wollen.
– Geraten Sie nicht in einen Machtkampf, weil Sie Ihre eigenen Ziele verfolgen. 90 Prozent aller Partnerschaftsschwierigkeiten beruhen auf Machtkampf. Viele seelsorgerliche Gespräche enden in der Sackgasse, weil Seelsorger und Ratsuchende verschiedene Ziele verfolgen. Deshalt gilt:
  Der Ratsuchende bestimmt das *Thema*.
  Der Ratsuchende bestimmt das *Tempo*.
  Der Ratsuchende bestimmt das *Problem*.

Wer hat das Problem?

Auch wenn beide Partner zur Beratung kommen, ist nicht klar, wer von beiden das *eigentliche* Problem hat, der Mann oder die Frau? Häufig kommt der Mann nur aus Gefälligkeit mit, sieht aber selbst keine Probleme.

– Wer leidet stärker unter dem Problem?

Beispiel: »Wir haben beschlossen, wir möchten kein Kind mehr. Wir sind 30 und 32 Jahre alt. Zwei Kinder haben wir schon.«

Der Mann hat im Wir-Stil gesprochen. Der Seelsorger interveniert: »Können Sie mir einmal genau Ihren Standpunkt verdeutlichen. Ich verstehe dann Ihre Probleme besser.«

Der Ratsuchende: »Meine Überzeugung ist, daß die Frau ihre Selbstverwirklichung braucht. Sie sollte wieder die Chance haben zu arbeiten. Dann fühlt sie sich wohler.« Deutlich wird, daß der Mann *für* seine Frau spricht und ihr seine Meinung aufprägt.

Seit wann besteht das Problem in der Partnerschaft?

- Hat *einer* dieses Problem empfunden?
- Haben *beide* das Problem empfunden?
- Wer hat das Problem als erster erkannt?
- Wem war das Problem wichtiger?
- Was ist ihm daran wichtig?

Stecken in dem Problem Verhaltensmuster, die vor der Ehe in der Ursprungsfamilie schon aufgetreten sind?

- Traten die Probleme schon früher einmal auf, und in welchen Situationen?«
  Wie war es früher in der Ursprungsfamilie?
  Wie ist es heute?
- Zum Beispiel:
  Eine Klientin sagt:
  »Mein Mann ist so eifersüchtig!«
  Was drückt er mit Eifersucht aus? Was hat er früher mit Eifersucht ausgedrückt?

Das Problem ist nicht die Ursache.

Das Problem, das die Ratsuchenden nennen, ist ein Symptom, das Krankheitsanzeichen. Das Problem ist vordergründig. Die eigentlichen Ursachen und Konflikte liegen in der Regel woanders. Viele Probleme sind die *Folgen* von tieferliegenden Ursachen. Zum Beispiel: Sexuelle Störungen oder Streit. *Der Streit* ist das Symptom für eine tieferliegende Beziehungsstörung. Sexuelle Störungen sind die Folgen von Kommunikationsstörungen. Das Zusammenleben ist gestört. Die Gemeinschaft ist gestört. Das sichtbare Problem weist nur auf diese Störung hin

Behalten Sie das Problem im Blick und schweifen Sie nicht ab!
- Das *Problem* ist der Leitfaden für den Seelsorger.
- Das *Problem* ist sein Beratungsprojekt.
- Das *Problem* ist sein Auftrag.
- Wenn Sie Methoden und Instrumente benutzen, um Probleme zu erörtern, erklären Sie dem Ratsuchenden, wozu Sie es tun.
- Versuchen Sie, den Zusammenhang deutlich zu machen. Schweifen Sie zu schnell ab auf die Ursachen, ist der Klient enttäuscht. Er vermutet möglicherweise, Sie wollen ihm seine Macht demonstrieren, Sie wollen ihm zeigen, was Sie können.

Jeder schildert das Problem aus seiner Sicht.
- Jeder Klient hat seine »private Logik«.
  Jeder Klient erlebt das Problem auf seine Weise. Darum ist es wichtig, daß jeder die Probleme schildert, wie er sie sieht.
- Den Berater interessiert das *Subjektive*, nicht das Objektive. Die persönliche Meinung, die persönliche Deutung, die persönliche Stellungnahme ist bei jedem Klienten anders.
- Jeder setzt andere Akzente. Achten Sie auf die Gewichtung! Was für den einen lebensnotwendig ist, ist für den anderen belanglos.

Wenn der Ratsuchende mehrere Probleme nennt:
- Gönnen Sie ihm in der ersten Stunde die Möglichkeit, seine Anliegen, seine Probleme und Schwierigkeiten loszuwerden. Schreiben Sie die Einzelheiten mit, und machen Sie sich Notizen an den Rand.
- Abschließend kann folgende Frage stehen: »Haben Sie alle Dinge nennen können, die Ihnen wichtig sind?«
  Wiederholen Sie die Punkte, die Ihnen aufgefallen sind, die Sie verstanden haben.
  Der Klient hat laufend die Möglichkeit, zu ergänzen und zu korrigieren.
  Sagen Sie nicht: »Eben haben Sie aber etwas ganz anderes gesagt.« Wenn der Ratsuchende mehrere Probleme angespro-

chen hat, stimmen Sie mit ihm ab, mit welchem er sich zuerst befassen will. Der Ratsuchende bestimmt die Reihenfolge.

Aus der Art der Problemdarstellung erkennen Sie die ersten Lebensstilaspekte.

Nicht nur der Inhalt dessen, was der Ratsuchende als Problem schildert, ist aufschlußreich, sondern auch die Art und Weise, in der es geschieht. Sie gibt dem Berater Hinweise auf die Interaktionsmuster des Ratsuchenden. Folgende Aspekte kann man als Anhaltspunkte für die Erhebung der Beziehungsmuster heranziehen:

- Wer hat begonnen zu sprechen?
- Wer hat widersprochen?
- Wer muß sich behaupten?
- Wer muß sich rechtfertigen?
- Wer muß sich verteidigen?
- Wer führt?
- Wer ist rechthaberisch, greift an, klagt an, schiebt die Schuld auf andere?
- Wer schweigt?
- Wer sucht die Unterstützung des Beraters?

»Was erwarten Sie von mir?«

- Die Problembeschreibung verrät in der Regel noch nicht, was der Ratsuchende konkret vom Seelsorger erwartet. Das Problem ist ausführlich dargelegt.
- »Wie lautet Ihre konkrete Frage an mich?«
  Die Antwort auf die so zugespitzte Frage gibt Ihnen den Beratungsauftrag. Sie ersparen sich Meinungsverschiedenheiten, Unzufriedenheit und den versteckten Vorwurf, den Ratsuchenden nicht verstanden zu haben.

● *Zu Schritt 3: »Waren Sie schon bei anderen Seelsorgern, Beratern oder Ärzten?«*

Warum ist diese Frage wichtig?

Es gibt Ratsuchende, die laufen von einem Berater zum anderen. Dafür gibt es mehrere Motive. Unbewußt suchen sie nach gegensätzlichen Stellungnahmen zu ihrer Situation, damit sie nicht handeln müssen. Sie gehen zu zwei Seelsorgern gleichzeitig. Sie holen sich Rat und wissen jetzt, was sie *nicht* wollen. Sie brauchen klare Weisungen, um *dagegen* zu handeln. Sie sind *entscheidungsunfähig*, sie brauchen einen *Ratgeber.*

- *»Was hat das gebracht?«*

  Was die Ratsuchenden auf diese Frage hin sagen, drückt ihre Einstellung zur Ehe aus, drückt ihre Einstellung zum Problem aus, drückt die Lösungsbereitschaft aus.

  Es kann sein, daß der eine Partner an dem genannten Problem arbeiten will, der andere aber nicht.

  In der Aussage »Das hat nichts gebracht!« kann sich auch Kritik am Seelsorger aussprechen. Sie wollen den Seelsorger entmachten.
- *Wenn nur einer schon anderweitig Rat gesucht hat, stellt sich ebenfalls die Frage nach den Gründen dafür.*

  Wollte er den Partner nicht dabei haben?
  Wollte er *über* den Partner reden?
  Wollte der andere Partner nicht mit?
- *Welche Interaktionsmuster werden darin deutlich?*

  Beispielsweise: *Sie* will eine hundertprozentige Ehe.
  Sie ist ein Eheperfektionist.
  Er ist zufrieden mit seiner Ehe,
  er wird von ihr als gleichgültig und oberflächlich erlebt.
  Sie ist gründlich, sie gräbt überall einen Spatenstich tiefer.

● *Zu Schritt 4: Erzählen Sie ein Beispiel!*

Beispiele entlarven unsere versteckten Absichten.
Beispiele beschreiben unsere Strategien im Zusammenleben.
Beispiele offenbaren die Aktionen der einen Seite und die Reaktionen der anderen.
Nehmen wir an, es geht in der Beratung eines Paares um das Problem des häufigen Ehestreits.
Beide sprechen das Problem an: »Wir streiten uns immer.«
Seelsorger: »Können Sie mir den letzten Streit einmal genau schildern?«

Jede Einzelheit ist wichtig. Jede Kleinigkeit gibt Aufschluß. Wer beginnt? Warum? Wer greift an? Wozu? Wer mauert? Wozu? Wer weicht aus? Wozu?

Jedes Verhaltensmuster gibt Aufschluß über die unerkannten Motive des anderen. Wie können die Motive aussehen? Einige Beispiele:

- *Sie* will Zuwendung und fängt etwas kämpferisch ein Gespräch an. Der Streit ist *ein* Mittel zur Kommunikation.
- *Sie* fängt Streit an, um ihn zu provozieren, endlich seine Meinung zu sagen, endlich Stellung zu beziehen, endlich sich zu offenbaren.
- *Er* zieht sich zurück, weil er Lautwerden, Heftigkeit und Erregung als negativen Streit empfindet.
- *Er* zieht sich zurück, weil er verhindern will, daß der Streit eskaliert.
- *Er* hält sich mit Stellungnahmen und persönlichen Äußerungen zurück, weil er glaubt, damit nur Öl ins Feuer zu gießen.

Das Beispiel, das genannt, und die Art und Weise, wie es dargestellt wird, geben Aufschluß über die Interaktionsmuster der Partner. Der Seelsorger erarbeitet mit den Betroffenen diese Kommunikationsstrategien.

- *Zu Schritt 5: Was hat die Ehepartner vor der Heirat zueinander hingezogen?*

a) Was verraten die Beziehungen vor der Eheschließung?

Die Befragung nach den Beziehungen vor der Ehe verrät

- die unbewußten Ziele, Zwecke und Absichten,
- die geheimen und bewußten Wünsche beider Partner,
- die ehelichen Interaktionsmuster,
- die ehelichen Ergänzungsmuster.

Folgende Fragen erhellen den Zusammenhang:

- Welche *Rolle* hat die Frau in ihrer Ursprungsfamilie gespielt?
- Welche *Rolle* hat der Mann in seiner Ursprungsfamilie gespielt?
- Welche Gesichtspunkte waren für die Frau ausschlaggebend bei der Wahl des Partners?

- Welche Gesichtspunkte waren für den Mann ausschlaggebend bei der Wahl des Partners?
- Haben sich diese Erwartungen erfüllt?
- Haben sich diese Erwartungen *nicht* erfüllt?
- Welche *Mängel* sollten durch den Partner ausgeglichen werden?
- Was erhofften beide im Zustand ihrer Verliebtheit?
- Was befürchteten beide vor der Ehe?
- Gab es solche Ängste und Befürchtungen?
- Haben beide darüber gesprochen? Wenn nein, warum nicht?
- Wiederholen die Eheleute die Beziehungsmuster der eigenen Eltern?
- Versuchen sie, diametral etwas anderes zu leben, als die eigenen Eltern?
- Worin haben sich Mann und Frau in ihren Hoffnungen und Erwartungen getäuscht?
- Haben beide vor dem anderen etwas versteckt und verborgen gehalten aus Scham, Angst und Unsicherheit? Was war das?

b) Welche Beziehung besteht zwischen dem jetzigen Konflikt und der Partnerwahl?

In der Regel ist es nicht hilfreich, diese Frage schon in der ersten Beratungsstunde anzusprechen. Zur Beantwortung der Frage sind folgende Gesichtspunkte hilfreich:

- Wie kam es zur Partnerwahl?
- Wie haben die Partner sich kennengelernt?
- Wie war der erste Eindruck vom Partner bei der ersten Begegnung?
- Welche Hoffnungen und Erwartungen haben beide an diese Beziehung herangetragen?
- Was waren die Ängste, was waren die Befürchtungen?
- Welche wichtigen Lebensgrundüberzeugungen sollten für diese Partnerschaft gelten?
- Hat die Partnerschaft im Leben der beiden etwas geändert, als sie sich näher kennenlernten? Was hat sich konkret geändert?
- Veränderte die Partnerschaft die Beziehung zu den Eltern?
- Gab es Verzichtleistungen durch die eingegangene Partnerschaft von einem oder von beiden Partnern?

- Wie kam es, daß von unzähligen möglichen Partnern ausgerechnet der jetzige Partner gewählt wurde?

c) Welche Hilfen gewinnt der Seelsorger aus den Antworten?
- Es kann sein, daß die Eigenschaften des Partners, die zunächst als positiv empfunden werden, zum Problem geworden sind.
- Die unbewußten Motive der Partnerschaft kommen zum Ausdruck. Viele Ratsuchende glauben, sich in dem anderen getäuscht zu haben. Im Grunde sind beide tiefer verbunden, als sie ahnen und wahrnehmen wollen.
- Die Fragen machen beiden Eheleuten bewußt, daß die Problematik weiter zurückreicht, als sie glauben. Die Wurzeln der jetzigen Konflikte haben in der Partnerwahl ihren Anfang genommen. Ehekrisen sind ein Prozeß, keine augenblickliche Angelegenheit.
- *Einsicht* in die unbewußten Wünsche und Bedürfnisse der beiden Partner schafft Voraussetzungen, um gemeinsam an der Verbesserung der Beziehung zu arbeiten.
- *Einsicht* in die unbewußten Wünsche und Bedürfnisse gibt beiden die Möglichkeit, konkret für Veränderungen zu beten.
- Gegenseitiges Verständnis für die unbewußten und unverstandenen Motive ist hilfreicher als sofortige Verhaltensänderung. Verhaltensänderung setzt immer *Gesinnungs*änderung voraus.

- *Zu Schritt 6: Was haben die Ehepartner bisher getan, um das Problem zu lösen?*

Auf diese Frage erhält der Seelsorger häufig die Antwort: »Wir haben gebetet.« Er kann dann nachfragen: »Es ist hilfreich, wenn Sie mir sagen, was Sie gebetet haben.«
Anhand der Gebete kann herausgearbeitet werden, warum die Gebete nicht geholfen haben.
Wurde zu allgemein gebetet? Zielte das Gebet wirklich auf Veränderungen ab? Wird das Gebet vielleicht nur als Gewissensberuhigung benutzt?
Die Antworten geben Auskunft darüber, wo der Seelsorger hilfreich ansetzen muß.

Ein Beispiel: Der Mann hat die Ehe gebrochen.
- Sie hat den Pastor und den Ältesten eingeweiht.
  Sie hat den Partner gedemütigt
- Sie hat ihn angeklagt.
- Sie hat die Geliebte angerufen.

Diese Verhaltensweisen sind menschlich zu verstehen; praktisch wirken sie zerstörend. Möglicherweise steht genau das als unbewußtes Ziel hinter dem Verhalten der Frau.

Fragen:
- »Wie haben Sie das als Ehemann erlebt?«
- »Was würden Sie sich wünschen?«
- Wer hat die Ehe aufgegeben? Warum? Wer von beiden hält noch an der Ehe fest?
- Was will der eine oder der andere mit »Aufgeben« bezwecken?
- Will der eine dem anderen signalisieren, daß es sowieso keinen Zweck mehr hat? Will einer den anderen zwingen, etwas zu unternehmen?
- Soll der Kampf weitergehen?
- Welche anderen Lösungen haben beide oder nur einer präsentiert? Wer hat Widerstand geleistet? Warum?

Die Antworten auf all diese Fragen geben dem Seelsorger Gelegenheit, *nicht* in das destruktive Kampfspiel der Ehepartner einzusteigen, sondern *mit ihnen* neue Möglichkeiten der Kooperation zu überlegen.

• *Zu Schritt 7: Wie sehen die positiven und destruktiven Beziehungsmuster aus?*

Ehe- und Partnerschaftsberatung beinhalten zunächst eine *Beziehungsanalyse.*
- Wie ergänzen sich die Partner?
- Wie lauten wesentliche Interaktionsstrategien?
- Welche belastenden Beziehungsmuster haben sich herausgebildet?

Je gründlicher die Analyse der wechselseitigen Umgangsmuster ist, desto effektiver kann die Veränderung beider Partner sein. Was zwei Menschen nicht wirklich durchschaut haben, das können sie auch nicht ändern. Mehrheitlich wollen sie es auch nicht ändern.

Einige Beispiele für kritische Beziehungsmuster:

Sie greift ihn an. ←——→ Er reagiert mit Schuldgefühlen.

Vorwürfe verfolgen ein Ziel,
Vorwürfe sind erfolgreich,
Vorwürfe spornen ihn an.
Sie behält die Vorwürfe solange bei, wie er mit Schuldgefühlen und größeren Anstrengungen reagiert.
Beide spielen perfekt *negativ* zusammen.

Er übernimmt alle *Verantwortung.* ←——→ Sie reagiert mit Passivität und mit *Verantwortungslosigkeit.*

Er kann die Verantwortung nicht abgeben, sie muß sie daher nicht übernehmen.
Er schimpft vergeblich auf sie, sie darf auf ihn nicht hören; sie würde ja seine Verantwortungsfreude schmälern.
Beide spielen perfekt *negativ* zusammen.

Sie entscheidet ganz schnell. ←——→ Er entscheidet überhaupt nicht.

Weil er nicht entscheidet, muß sie entscheiden, glaubt sie.
Sie macht ständig Fehler mit ihren Entscheidungen.
Er entscheidet nicht, aber er kritisiert sie.
Je mehr sie Entscheidungen erzwingen will, desto mehr verweigert er sich.
Solange sie glaubt, die Entscheidungen nicht aufgeben zu können, solange muß er keine Entscheidungen treffen.
Beide spielen perfekt *negativ* zusammen.

Warum fällt es beiden schwer, die belastenden Beziehungsmuster aufzugeben?
- Beide wollen altvertraute und gewohnte Muster nicht aufgeben.
- Beide wollen ihre Ziele der Überlegenheit und Stärke nicht preisgeben.

● *Zu Schritt 8: Welche Motive und Ziele drücken die Partner in den Lebensstil-Beziehungsmustern aus?*

Die Lebensstil-Beziehungsmuster in einer Partnerschaft beinhalten:
- die positiven und negativen Lebensgrundüberzeugungen, mit denen die Partner einander begegnen;
- die Denkmuster und Vorstellungen von Arbeit und Liebe, die einer dem anderen zumutet;
- die Erwartungshaltung an den Partner, die ein bestimmtes Echo auslöst;
- Gewohnheiten und Erfahrungen (positive und negative), die Ergänzung oder Reibung hervorrufen.

Mit jedem Muster, das beide praktizieren, verfolgen beide Absichten und Ziele. Konflikte sind in der Regel Zusammenstöße von widerstreitenden Motiven. Kennt man die destruktiven Absichten und Motive, kann man die *Ziele* ändern!
Es ist biblisch und therapeutisch wichtig, die *Ziele* zu ändern. Paulus sagte: »Ändert euer Denken!« (Römer 12,2).
Die Frage in diesem Zusammenhang lautet deshalb:
Was wollen beide mit ihren Verhaltensmustern bezwecken?
Welche ungeistlichen Ziele verstecken sich hinter den Beziehungsstrategien?

Einige Beispiele:

Was sind die Motive dafür, daß ich *keine Entscheidungen treffe*?
- Will ich keine Fehler machen?
- Suche ich das Nonplusultra?
- Will ich beim Partner nicht anecken und zwinge ihn, alle Entscheidungen zu treffen?

Was sind die Motive dafür, daß ich mich für den Partner *aufopfere*?
- Will ich durch aufopferungsvolle Liebe erreichen, daß ich wieder geliebt werde?
- Will ich mir die Liebe verdienen?
- Muß ich mir die Liebe verdienen?
- Will ich durch Dienen herrschen?

Was sind die Motive dafür, daß ich ständig *mit dem Partner Streit bekomme?*
- Will ich ihn zur Stellungnahme zwingen, weil er kein Echo gibt?
- Suche ich durch Streit mit ihm in näheren Kontakt zu kommen?
- Gibt es Streit, weil ich rechthaberisch bin?
- Gibt es Streit, weil der Partner sich zurückzieht und ich ihm den Rückzug abschneiden will?

Was sind die Motive dafür, daß ich den Partner *klammere*?
- Habe ich Angst, den Partner zu verlieren?
- Will ich ihn besitzen?
- Will ich *alles* mit ihm gemeinsam machen?
- Habe ich Angst, er könnte fremdgehen?
- Bin ich unselbständig und brauche fortlaufend einen Beistand und Begleiter?

● *Zu Schritt 9: Gibt es geistliche Fehlverhaltensmuster?*

Die geistlichen Fehlverhaltensmuster werden erst angesprochen, wenn die geistlichen Fehlziele, die Sünden, die hinter dem Problem stehen, deutlich geworden sind.
Welche geistlichen Fehlverhaltensmuster stehen hinter
- *Ehebruch,*
- *Rechthaberei,*
- starker *Eifersucht,*
- *Schweigen,*
- *Impotenz,*
- *Frigidität,*
- *körperlicher Mißhandlung,*

– finanzieller *Entmachtung* (die Frau bekommt nur ein Taschengeld, weiß nicht, was der Mann verdient und kann nicht über die Konten verfügen)?

Gehen wir einige Motive durch:

Ehebruch
– Einer will den Partner eifersüchtig machen, damit er sich mehr um ihn kümmert;
– einer *rächt* sich, weil er im Bett vom Partner enttäuscht wurde;
– einer will den Partner *verletzen*;
– einer will den Partner *bestrafen*.

Rechthaberei
– Ich will den Partner dominieren;
– ich will mir nichts sagen lassen;
– ich kann keine Fehler eingestehen;
– ich bin fehlerlos.

Schweigen
– Ich kann nicht offen sein, der andere nutzt das aus;
– ich schweige, weil ich den anderen damit am meisten treffe;
– ich schweige, weil ich dem anderen verbal nicht gewachsen bin;
– ich schweige, weil ich die Probleme nur im Innern lösen kann;
– ich schweige, weil ich Angst habe, daß das Gespräch eskaliert.

Die eigentlichen ungeistlichen Motive werden ans Licht gebracht, und beide können konkret für eine Veränderung beten. Darum lautet das Gebet *nicht*:
»Herr, gib mir die Kraft, daß ich rede und nicht schweige!«
Sondern:
»Herr, mir ist klargeworden, was ich mit Schweigen bezwecken will. Ich habe Angst, daß die Gespräche eskalieren, daß es laut zugeht, daß es Streit gibt. Und diese Angst macht meinen Partner ganz unglücklich. Ich möchte mit ihm über meine Angst reden, dazu gib mir die Kraft.«

Ein weiteres Beispiel:
Eine Frau hat Pubertätsmagersucht. Sie betet: »Herr, gib mir die Kraft, daß ich mehr esse.«
Problematisch an dieser Bitte ist, daß sie im tiefsten Grunde ja nicht essen will. Statt dessen kann sie beten:
»Herr, hilf mir, daß ich ganz klar erkenne, was ich mit Pubertätsmagersucht ausdrücke. Zeig mir meine eigentlichen Motive. Und wenn ich sie nicht allein durchschaue, laß mich zu einem Fachseelsorger gehen, der mir die Hintergründe erklärt.«

- *Zu Schritt 10: Was als Sünde bekannt ist, muß konkret gebeichtet werden.*

Wir leben von der Vergebung. Vor der Vergebung steht die *Sündenerkenntnis*. Zur Sündenerkenntnis gehört, daß mir die Finalität, die Zielgerichtetheit meines Verhaltens bewußt wird. Was will ich mit meinem Verhalten bezwecken?
– Wie lauten die versteckten Ziele?

Ein Beispiel:
Ein Mann hat seine Frau heftig geschlagen. Er ist reuig, er will ihr zeigen, daß er ernsthaft einen neuen Anfang machen will. Sie gehen beide zum Seelsorger und beichten den Vorfall. Der Seelsorger ist beeindruckt von der Reue des Ratsuchenden. Auch die Frau ist bereit, ihm zu vergeben, weil sie sieht, daß er es ernst nimmt. Ein halbes Jahr später geschieht es wieder, daß der Mann seine Frau schlägt. Die Frau ist tief verletzt. Der Mann fällt ihr zu Füßen und schwört, es solle nicht wieder vorkommen. Er verspricht es ihr hoch und heilig. Der Seelsorger schickt sie zu mir. Er will wieder *beichten*. Ich habe gesagt: »Wenn Sie möchten, daß ich Ihnen die Beichte abnehme, müssen wir besprechen, was Sie schlagen läßt. Wir müssen, glaube ich, das eigentliche Motiv bearbeiten.«

Gemeinsam arbeiten wir folgendes Motiv heraus:
»Meine Frau ist mir total überlegen. Ich schlage aus Schwäche, um

einmal Herr zu sein. Ich schlage aus Verzweiflung, weil ich glaube, ich bin ein Nichts.«

Deutlich wird:

– Schlagen ist *Hilflosigkeit*.
– Schlagen ist der *krampfhafte Versuch*, sich zu behaupten.

Was hat die Frau zu dieser Situation beigetragen?

– Sie ist der *Rettertyp*, sie hat ihn als Sozialarbeiterin kennengelernt. Er lebte in der Drogenszene. Sie hat mit ihm gearbeitet, damit er vom Drogenproblem frei wird. Sie hat seine Abendkurse für den Schulabschluß organisiert. Er hat sie immer wieder belogen, wenn er abends nicht zur Weiterbildung ging.
– Er wurde von ihr *manipuliert*,
– er wurde von ihr *gegängelt*,
– er wurde von ihr *bestimmt*.
  Bei einer völlig belanglosen Sache, einem kleinen Streit, verliert er die Nerven. Es ist wie ein Befreiungsschlag.
  Er sagt: »Ich muß immer dankbar sein, das stinkt mir.
  Und immer wieder sagt sie zu mir: ›Was wärst du ohne mich!‹«

Diese Interaktionsmuster sind verletzend und demütigend. Wenn sie deutlich herausgearbeitet werden, kann auch sehr konkret um Veränderung gebetet werden. Solche Gebete sind hilfreich. Außerdem zeigen die Ehemuster, daß *beide* sich verändern müssen.

● *Zu Schritt 11: Erarbeitung von Alternativlösungen*

Der Seelsorger hat kein Patentrezept. Seelsorger und Ratsuchende gehen gemeinsam die Vorschläge durch, die von beiden kommen.

– Was spricht für die Vorschläge?
– Was spricht dagegen?
– Was sind *seine* Wünsche?
– Was sind *ihre* Wünsche?
– Wo liegen Kompromisse? (Es gibt faule Kompromisse, und es gibt gute Kompromisse.)

Wenn der Seelsorger Vorschläge macht, muß er unbedingt nach der Reaktion der Ratsuchenden fragen:

- »Wie erleben Sie den Vorschlag?«
- »Gibt es Bedenken?«
- »Welche?«

Es ist ratsam, nur kleine Schritte zu erarbeiten und nicht den zweiten Schritt vor dem ersten zu riskieren. Der Seelsorger darf deshalb keine Radikallösungen vorschlagen. Es ist hilfreich, aus größeren Fehlern kleinere zu machen. Wer sich zuviel vornimmt, enttäuscht sich selbst und den andern.

● *Zu Schritt 12: Ratsuchende und Seelsorger überprüfen die Alternativlösungen.*

Beide Parteien vergewissern sich nach einer gewissen Zeit, ob die erarbeiteten Lösungen hilfreich waren. Den Abstand bestimmen die Beteiligten. Sie verabreden einen Zeitpunkt
- vier Wochen später,
- drei Monate später,
- ein halbes Jahr später.

Laufen die Beziehungen gut, kann der Termin kurzfristig abgesagt werden. Bei der gemeinsamen Überprüfung können die Fragen lauten:
- Was geht gut?
- Was läuft nicht so gut?
- Wo liegen die Schwierigkeiten?
- Wo müssen Alternativlösungen gefunden werden?
- Wo kommen die alten Muster wieder zum Vorschein?
- Wo fallen die Partner in alte Verhaltensweisen zurück?

Haben wir Geduld! Unser Herr hat mit uns auch große Geduld.
Den Abschluß des Seelsorgeprozesses bestimmen die Ratsuchenden. Beide signalisieren, wie weit sie gekommen sind. Beide geben zu verstehen, wo noch ungelöste Probleme sind. Der Seelsorger gibt seinen Eindruck wieder, übt aber keinesfalls Druck auf die Ratsuchenden aus.

Kapitel 9

Übergroße Abhängigkeit als Problem in der Partnerschaft

Abhängigkeit und Distanz sind zwei Begriffe, die in jeder Partnerschaft eine große Rolle spielen. In einer harmonischen Beziehung sind Nähebedürfnis und Unabhängigkeit ausgewogen.
Abhängigkeit und Unabhängigkeit sind auch in einer Ehe notwendig. Wenn allerdings eines oder beiden Bedürfnisse übertrieben werden, gibt es Reibungen.
Zwei Menschen, die sich lieben, sind aufeinander angewiesen. Beide leben davon,
- daß sie geben und nehmen,
- daß sie lieben und geliebt werden,
- daß sie gelten und sich gelten lassen,
- daß sie schenken und sich beschenken lassen.

Abhängigkeit bindet und hält zwei Menschen zusammen. Das ist die positive Seite. Und die negative?
Übergroße Abhängigkeit eines Partners engt das Gegenüber ein. Der andere wird – ungewollt in der Regel – an die Kette gelegt. Sein Freiheitsspielraum wird beschnitten. Die Eigenständigkeit wird in Frage gestellt.
Die Frage lautet: Was sind die Hintergründe für dieses Verhaltensmuster?

Zehn Gesichtspunkte sollen dem Seelsorger helfen, die Entstehungsgeschichte der übertriebenen und gefährlichen Abhängigkeit zu verdeutlichen.

Gesichtspunkt Nr. 1: Die Partner stammen aus gestörten Elternhäusern, in denen emotionale Bedürfnisse nicht gepflegt wurden.
- Störungen und Defizite in der Ursprungsfamilie tragen beide in die Ehe hinein.

- Wer emotionale Bedürfnisse nicht äußern kann, *erwartet* deren Erfüllung vom Partner. Der Partner soll die Defizite von früher ausgleichen. In der Regel sind die Erwartungen zu hoch.

Gesichtspunkt Nr. 2: Die Partner (oder einer von beiden) haben zuwenig Fürsorglichkeit erfahren.

- Sie versuchen nun, durch Fürsorglichkeit dem Partner gegenüber ihre eigenen Bedürfnisse zu stillen.
- Durch übertriebene *Opfer* hoffen sie, reichlich entlohnt zu werden.

Gesichtspunkt Nr. 3: Die Partner haben Väter und Mütter gehabt, die wenig zärtlich reagierten.

- Sie wählten wiederum emotional zugeknöpfte Menschen, die sie *ändern* wollen.
- Sie wiederholen eintrainierte Umgangsmuster von früher.

Gesichtspunkt Nr. 4: Die Partner haben große Angst, verlassen zu werden.

- Sie tun alles, um den befürchteten Bruch zu vermeiden.
- Daraus ergibt sich ein übertriebenes Verhalten:
  zu große *Fürsorge*,
  zu große *Kontrolle*,
  zu starkes *Klammern.*

Gesichtspunkt Nr. 5: Ein Partner tut für den anderen alles, um Gemeinsamkeiten zu arrangieren.

- Die Angst, ihn zu verlieren, produziert die *Übertreibung.*
- Die Verlustangst produziert ein *überhöhtes* Gemeinschaftsbedürfnis.

Gesichtspunkt Nr. 6: Ein Partner ist bereit, in der Partnerschaft über Gebühr Verantwortung zu tragen.

- Das unbewußte Motiv zielt darauf, den Partner *abhängig* zu machen.
- Eng verwandt damit ist die Bereitschaft, *alle Schuld auf sich zu nehmen,* um den Partner nicht zu verletzen.

Gesichtspunkt Nr. 7: Die Partner haben oft ein sehr geringes Selbstwertgefühl.

- Sie glauben, es nicht verdient zu haben, glücklich zu sein.
- Viele Menschen mit einer solchen Selbsteinschätzung produzieren Unglück, sie bestrafen sich selbst. Sie bemitleiden sich selbst.

Gesichtspunkt Nr. 8: Die Partner »tarnen« ihre allzugroße Kontrolle über den anderen.

- Übergroße *Hilfsbereitschaft* kann ein verstecktes Mittel der Kontrolle und des Herrschens sein.

Gesichtspunkt Nr. 9: Die Partner sind anfällig für Drogen und Genußmittel.

- Sie tun sich *etwas Gutes* und versüßen ihr Leben. Sie betäuben damit ihre defizitären Gefühle.
- Sie bevorzugen zuckerhaltige Nahrungsmittel. Viele von ihnen neigen zu Übergewicht.

Gesichtspunkt Nr. 10: Die Partner neigen zu depressiven Verstimmungen.

- Da sie vieles nicht aussprechen und lieber *schlucken*, nehmen sie die Wut nach innen.
- Bitterkeit, Rache und Zorn sind die offenen oder versteckten Verhaltensmuster, die die Depression bestimmen.

Aufgabe der therapeutischen Seelsorge ist es, die unbewußten Ziele, die emotionalen Bedürfnisse, die hinter Verhaltensweisen wie Klammern, Fürsorglichkeit und Kontrolle stehen, aufzudekken. Beide Partner müssen die Gesetzmäßigkeiten ihres unverstandenen Zusammenspiels erkennen. Beide müssen ihre gutgemeinten, aber fragwürdigen Strategien überprüfen, um das Miteinander zu verbessern.

Kapitel 10

Die Vermeidungsfrage in der Eheberatung als diagnostische Hilfe

Speziell für Seelsorger gibt es eine Diagnosetechnik, die sehr simpel erscheint, aber ausgesprochen aufschlußreich wirkt und sich gut einsetzen läßt, um die Hintergründe der verschiedensten Probleme in einer Partnerschaft zu erhellen. Gerade bei sexuellen Problemen in einer Partnerschaft hat sich diese Frage als gutes diagnostisches Hilfsmittel erwiesen. Alfred Adler hat sie entwickelt und wendete sie bei allen neurotischen und psychotischen Symptomen an. Die Frage an den Ratsuchenden lautet:

»Was würden Sie tun, wenn ich Sie in kurzer Zeit heilen könnte?« Oder: »Was würden Sie beginnen, wenn Sie das Problem nicht hätten?«

Was immer der Ratsuchende antwortet, er gibt damit Hinweise auf seine Probleme. Er zeigt uns die Strategien, die er anwendet, um sich vor den Aufgaben zu drücken, die ihm gestellt sind. Die Antworten vermitteln uns die Ausweichmanöver des Ratsuchenden und seine speziellen Selbstwertstörungen und Beziehungseinschränkungen.

Wie können Antworten lauten, die die Betroffenen formulieren?

- »Wenn ich die Impotenz nicht hätte, würde mein *Wert als Mann* nicht so leiden.«
- »Wenn ich meine Impotenz nicht hätte, würde ich mich meiner Frau gegenüber als wirklich *gleichwertig* empfinden.«
- »Wenn ich die *Erektionsstörung* nicht hätte, könnte ich mich als Mann besser durchsetzen und meinem Auftrag als Mann, die *Führung in der Ehe zu übernehmen,* besser gerecht werden.«
- »Wenn ich die *Frigidität* nicht hätte, könnte ich mich meinem Mann besser *ausliefern.*«
- »Wenn ich die *Frigidität* nicht hätte, müßte ich mich selbst nicht so *kontrollieren.*«
- »Wenn ich die Frigidität nicht hätte, könnte ich meinen Mann besser *annehmen.*«

Für den seelsorgerlichen Prozeß sind folgende Gesichtspunkte zu beachten:

1. Alle Antworten von Männern und Frauen sind Hinweise auf ihr spezielles Problem. Jeder gibt seine lebensstiltypische Antwort. Für den einen ist sein *Wert als Mann* ausschlaggebend. Für den anderen ist die Führungs- und Leitungsposition der Ehe das wichtigste. Der Seelsorger muß sich in erster Linie mit den Aspekten beschäftigen, die in Antworten auf die »Vermeidungsfrage« formuliert wurden. Im ersten Beispiel ist die Stärkung des männlichen Wertbewußtseins der Ansatzpunkt für die Heilung der sexuellen Schwierigkeiten.

2. Wenn der Ratsuchende seine Antworten gegeben hat, stülpt der Seelsorger dem Betroffenen die Erkenntnisse, die er gewonnen hat, nicht über, sondern hilft ihm, den verborgenen Motiven selbst auf die Spur zu kommen.
- »Was drücken Sie mit dieser Antwort aus?«
- »Was fällt Ihnen selbst zu dieser Antwort ein?«
- »Finden Sie in dieser Aussage Zusammenhänge mit Ihrem Lebensstil?«

Vermittelt der Seelsorger dagegen den Eindruck, er habe nun endlich den Schlüssel für das Problem in der Hand, den der Ratsuchende nur noch zu akzeptieren brauche, verleitet er den Ratsuchenden zum Widerstand. Dieser lehnt die Deutung ab, fühlt sich nicht verstanden und kämpft gegen die Interpretation des Seelsorgers, die er als Unterstellung versteht.

3. Diese diagnostische Hilfe ist ein Instrument *für den Seelsorger,* nicht für die Eheleute selbst. Wenn Ehepartner dieses Hilfsmittel in der Beziehung miteinander anwenden, besteht die Gefahr, daß sie Detektiv spielen:
- »Hab ich dich endlich erwischt, du Böser!«
- »Jetzt bin ich dir auf die Schliche gekommen!«
- »Du kannst mir nichts mehr vormachen!«

Wer den anderen überführen und ertappen will, drängt ihn in eine Rolle, in der er sich verteidigen und rechtfertigen muß. Verteidigung und Rechtfertigung sind aber Abwehrmethoden und ungeistliche Praktiken.

Kapitel 11

Intimität in der Ehe

In der Ehe spielt die *Intimität* eine große Rolle. Aber das Wort ist mißverständlich. Viele glauben, es sei in erster Linie von *sexuellen Beziehungen* die Rede. Das würde aber eine starke Einengung dessen bedeuten, was Intimität meint.

Schauen wir im Fremdwortduden nach, dann steht unter *intim*: »innerst; vertrautest; innig, vertraut, eng befreundet, gemütlich (besonders in Räumen)«.

- Intimität beinhaltet eine *innerste* Beziehung;
- Intimität beinhaltet, sehr *vertraut* miteinander zu sein;
- Intimität beinhaltet eine *enge Freundschaft*;
- Intimität beinhaltet Annahme, Austausch von Gedanken und Gefühlen.

Intimität verlangt daher Offenheit, Herzlichkeit, äußerste Vertrautheit und ein starkes Zusammengehörigkeitsgefühl. Daraus erwachsen intim-sexuelle Kontakte. Damit ist noch keineswegs gesagt, daß Ehepartner, die sexuell intim werden, auch Gefühle wahrer Intimität haben.

- Viele Ehepartner *verkehren* miteinander, aber sie lassen echte Intimität vermissen;
- viele Eheleute werden intim, aber sie *sind nicht* intim;
- viele Eheleute praktizieren körperliche Befriedigung, aber ihnen fehlt die letzte Verbundenheit. Sie sind verheiratet und einsam. Und keine Einsamkeit ist schlimmer als die Einsamkeit zu zweit.

Der Schlüssel zu wahrer Intimität ist Vertrauen. Rückhaltloses Vertrauen und eine ungetrübte Offenheit begründen wahre Intimität.

Ist es im christlichen Glauben anders? Glaube ist Vertrauen, und Vertrauen ist Glaube. Wer sich Jesus Christus uneingeschränkt anvertrauen kann, praktiziert auch im Glauben eine innige und damit intime Beziehung.

1. Intimität bei Frauen und Männern

Denkanstoß Nr. 1: Männer und Frauen haben unterschiedliche Vorstellungen von Intimität

- Intimität bedeutet für Frauen, gute Gespräche führen zu können.
- Intimität bedeutet für Männer, mit Frauen etwas gemeinsam tun zu können.

Denkanstoß Nr. 2: Die Folgen positiver Intimität

- Frauen erleben eine größere Zufriedenheit in der Partnerschaft selbst.
- Männer erfahren, daß eine positive Intimität eine positive Auswirkung auf Beruf und Leistung hat.

Denkanstoß Nr. 3: Frauen fällt es leichter, intime Beziehungen zu pflegen

- Frauen sind offener, und es gelingt ihnen schneller, intime Beziehungen zu anderen Menschen zu pflegen.
- Männer sind gehemmter und stehen sich bei der Erfüllung des Wunsches nach Intimität eher selbst im Wege.

Denkanstoß Nr. 4: Frauen pflegen mehr Langzeitfreundschaften

- Frauen berichten, daß sie in gleichgeschlechtlichen Freundschaften mehr Intimität erfahren als mit Männern.
- Frauenfreundschaften haben in der Regel eine längere Dauer als Männerfreundschaften.
- Männer haben weniger intensive gleichgeschlechtliche Freundschaftsbeziehungen.

Denkanstoß Nr. 5: Intimität der Männer im Alter

- Männer im mittleren Alter haben oft nur noch zur Lebenspartnerin einen wirklich intimen Bezug.
- Männer sprechen nur ungern über Gefühle.
- Weil Männer ihre Gefühle unterdrücken, sind sie anfälliger für Streßkrankheiten.

Denkanstoß Nr. 6: Männer sind einsamer als Frauen

- Männer zahlen einen emotionalen und physiologischen Preis für ihre Unfähigkeit, Intimität auszuleben.
- Stirbt die Partnerin, werden viele Männer sehr einsam. Es gelingt ihnen wesentlich schlechter als Frauen, neue Beziehungen zu knüpfen.

Denkanstoß Nr. 7: Die schlimmste Einsamkeit ist die Einsamkeit zu zweit

- Wirkliche Intimität ist ein Risiko. Sie erfordert Offenheit.
- Je größer die Angst eines Menschen ist, verletzlich zu sein und enttäuscht zu werden, desto unvollkommener wird die wirkliche Intimität sein, die er zu gestalten in der Lage ist.

2. Merkmale wirklicher Intimität – ein Fragebogen

	Stimmt	Stimmt teilweise	Stimmt nicht
Merkmal 1: Intimität beinhaltet, für den Partner zu sorgen			
Meine Sorge umfaßt mehr als materielle Unterstützung und Versorgung			
Meine Sorge meint keine übergestülpte Aufopferung, sondern das Erkennen von emotionalen und geistigen Bedürfnissen			
Merkmal 2: Intimität beinhaltet bedingungsloses Geben			
Meine Liebe kann geben, ohne zu erwarten, daß viel zurückkommt			
Meine Liebe vertraut darauf, daß der andere bereit ist, auch zu geben			
Merkmal 3: Intimität beinhaltet Kooperation und Abhängigkeit			
Ich bin vom Partner abhängig			
Ich brauche den Partner			
Ich finde mit ihm sexuelle Erfüllung			
Merkmal 4: Intimität beinhaltet Bindung und Verpflichtung			
Wir fühlen uns füreinander verantwortlich			
Wir geben uns ein Gefühl der Sicherheit			

	Stimmt	Stimmt teilweise	Stimmt nicht
Merkmal 5: Intimität beinhaltet regen Austausch von Gefühlen und Gedanken			
Wir schmieden miteinander Pläne, tauschen unsere Erwartungen aus			
Wir teilen miteinander Träume, Ängste und Befürchtungen			
Merkmal 6: Intimität beinhaltet eine gerechte Machtverteilung			
Ich habe das Gefühl, unsere Pflichten und Verantwortungen sind gerecht verteilt			
Ich habe das Gefühl, unsere Freiheitsspielräume sind gerecht verteilt			
Merkmal 7: Intimität beinhaltet rückhaltloses Vertrauen			
Ich habe uneingeschränktes Vertrauen zu meinem Partner			
Ich kann dem Partner alles sagen			
Merkmal 8: Intimität beinhaltet die Fähigkeit zum gemeinsamen Gebet			
Im gemeinsamen Gebet erleben wir tiefste Intimität			
Fragen, Wünsche und Probleme können wir gemeinsam vor Gott ausbreiten			

Anregungen für den Fragebogen: Merkmale wirklicher Intimität

Der Seelsorger kann den Ratsuchenden folgende Anregungen bzw. Fragestellungen für die Bearbeitung des Fragebogens nennen:

Anregung 1: Jeder der beiden Partner füllt den Bogen für sich aus. Welche Merkmale machen Ihnen am meisten zu schaffen?

Anregung 2: Versuchen Sie selbst, die Motive für Mängel und Defizite herauszuarbeiten. Was hindert Sie, bestimmte Intimitäts-Merkmale zu realisieren?

Anregung 3: Sind Sie bereit, ein mangelhaftes Intimitätsmerkmal ernsthaft ins Gebet und in Arbeit zu nehmen?

Anregung 4: Besprechen Sie gemeinsam mit ihrem Partner Ihren Fragebogen!

Machen Sie sich gegenseitig keine Vorwürfe! Überlegen Sie mit Ihrem Seelsorger, wie Sie defizitäre Intimitätsmerkmale verändern können.

Kapitel 12

Reif für die Ehe?

Was beinhaltet Ehereife?
Zehn Gedankenanstöße

1. *Ehereife heißt: Sich in den andern hineinversetzen können*
- Unreife zeigt sich im Kreisen um die eigene Selbstverwirklichung als oberstem Ziel des Lebens. Damit lebt der Mensch am anderen vorbei.
- Einfühlungsvermögen verlangt Toleranz, Nächstenliebe und Verständnis für die Eigenarten, Wünsche und Bedürfnisse des andern.

2. *Ehereife heißt: Eigene Ansprüche zurücknehmen können*
- Entweder-Oder-Lösungen sind in der Regel ichhaft und unsachlich.
- Disziplinierung der eigenen Ansprüche muß möglich sein.

3. *Ehereife heißt: Dem andern Vertrauen schenken können*
- Vertrauen beinhaltet: Ich traue dem andern, ich kann mich dem andern anvertrauen.
- Argwohn, Eifersucht und Mißtrauen zerstören die Partnerschaft.
- Vertrauen schenken ist eine willentliche Vorleistung.

4. *Ehereife heißt: Beide fühlen sich verantwortlich*
- Leben heißt verantwortlich sein. Der Mensch ist das einzige Wesen, das für sein Handeln, Denken oder Unterlassen die Verantwortung trägt.
- Verantwortung wahrzunehmen setzt voraus: Beide können sachliche Entscheidungen treffen.

5. Ehereife heißt: Geben und Nehmen stehen einigermaßen im Gleichgewicht

- Einseitiges Geben oder Nehmen beeinträchtigen die Partnerschaft.
- Ein Ungleichgewicht bedeutet: Einer lebt auf Kosten des anderen.

6. Ehereife heißt: Beide können frei wählen und entscheiden

- Viele Heranwachsende binden sich an einen Partner, ohne ihn wirklich in Freiheit gewählt zu haben. Sie fliehen damit in eine neue Abhängigkeit. Hier muß die Frage nach den Motiven der Unfreiheit einsetzen.
- Freiheit beinhaltet, daß Kinder gewollt und Frucht echter Liebe sind.

7. Ehereife heißt: Beide Partner sind vom Elternhaus abgenabelt

- Vater und Mutter zu *verlassen*, ist eine biblische Grundvoraussetzung für die Ehe.
- Zu große Abhängigkeit eines Partners beeinträchtigt die Partnerschaft.

8. Ehereife heißt: Beide nehmen sich gegenseitig an – wie sie sind

- Wer sich Idealbilder macht, vergewaltigt den Partner.
- Wunschbilder verstellen den Blick für die Realität.
- Liebe bedeutet, den anderen mit allen Fehlern und Schwächen anzunehmen.
- Liebe ist in erster Linie kein Gefühl, sondern eine Gesinnung und eine Willensentscheidung.

9. Ehereife heißt: Zwischen Verliebtheit und Liebe können beide unterscheiden

- Verliebtheit ist Rausch und Ekstase. Verliebtheit ist Liebe im Keimzustand.
- Verliebtheit macht blind für Schwächen, Fehler und Defizite; wirkliche Liebe schärft den Blick für die Realität.

10. Ehereife heißt: Beide Partner streben realistische Lebensziele an

- Haben beide gemeinsame Eheziele und Lebensziele?
- Haben beide gemeinsame Zukunftsperspektiven?
- Positiv: Beide haben die Basis ihrer gemeinsamen Lebensgrundüberzeugungen überdacht und haben den festen Willen, diese formulierten Lebensziele anzusteuern.

Hausaufgabe für die Partner

- Jeder Ehepartner denkt für sich über seine Reifungsschwächen nach.
- Beide Partner unterhalten sich über die erkannten Defizite.
- Beide entscheiden für sich, welche Schwierigkeiten sie in die Beratung einbringen wollen.

Kapitel 13

Liebespartner mit Schwächen

1. Ein Selbsterforschungsbogen

	Stimmt	Stimmt teilweise	Stimmt nicht
Der Perfektionist Sucht den 100%igen Partner			
Fühlt sich in der Beziehung gefangen Glaubt, der Partner sei nicht gut genug			
Der Romantische Sucht nach der romantischen Liebe			
Idealisiert			
Bricht die Beziehung ab, wenn der/die Angebetete selbst Interesse zeigt			
Der Unentschlossene Hat mind. zwei Liebesbeziehungen			
Legt sich nicht fest			
Findet beim Partner ein Haar in der Suppe			
Der Narzißt Sucht Bewunderer			
Will nicht vom Partner in Frage gestellt werden			
Hat Angst vor Kontrolle und Manipulation			
Der Überaktive Ist ständig in Betrieb			
Lebt als Workaholic			

	Stimmt	Stimmt teilweise	Stimmt nicht
Geht in ehrenamtlichen Tätigkeiten auf			
Der Verschmelzer			
Macht sich total abhängig			
Stößt den Partner ab			
Hat kein Eigenleben			
Lebt nur für und aus dem andern			
Der Nörgler			
Man kann ihm nichts recht machen			
Setzt den anderen auf die Anklagebank			
Der Schmollende			
Kann nicht die geringste Kritik ertragen			
Reagiert sofort mit Rückzug			
Der Märtyrer			
Akzeptiert alles, um geliebt zu werden			
Findet im Leiden Bestätigung			
Der Klammernde			
Will alles mit dem andern gemeinsam machen			
Kann nicht allein sein			
Der Zweifler			
Rechnet ständig mit der Untreue des Partners			
Glaubt nicht an eine harmonische Beziehung			

Auswertung des Fragebogens

- Welche Rollen als Liebespartner sind Ihnen besonders ärgerlich? Warum?
- Können Sie sich Ihre Einstellung erklären? Haben Sie in Ihrer Ursprungsfamilie die Muster wiedererkannt?
- Was wollen Sie mit dieser Lebensgrundüberzeugung bezwecken?
- Möchten Sie einen kritischen Aspekt Ihrer Partnerbeziehung verändern? Welchen?

2. Hinweise für den therapeutischen Seelsorger

1. Der Selbsterforschungsfragebogen hilft dem Seelsorger, einige Defizite und Mängel des jungen Menschen auf dem Weg zur Ehe oder des Ehepartners bewußt zu machen.

2. Nach dem ersten oder zweiten Gespräch kann der Seelsorger den Betroffenen die Bögen aushändigen und sie ausfüllen lassen. Jeder Ehepartner füllt den Bogen für sich aus.

3. Es ist hilfreich, wenn die Partner zu Hause über dem Bogen ins Gespräch kommen. Hausaufgaben spielen in der Seelsorgepraxis immer eine große Rolle.
Die Partner müssen sich allerdings von Anklagen und Vorwürfen freimachen.
Hilfreich sind die Fragen: »Was ist *mein* Anteil daran, daß wir beide im Zusammenleben Schwierigkeiten haben?«
Oder:
»Welche Verhaltensmuster kennzeichnen *mich* am treffendsten? Was drücke *ich* damit aus?«

4. Wenn die Ratsuchenden die Bögen mit in die Beratung bringen, werden sie gebeten, ihre Erfahrungen und Eindrücke wiederzugeben.
»Gibt es Punkte, die Sie besonders berührt haben?«
Oder:

»Wo haben Sie sich wiedererkannt? Welche Beziehungsmuster belasten die Partnerschaft?«

5. Es ist notwendig, die versteckten Botschaften, die unerkannten Wünsche und die meist unbewußten Absichten der Betroffenen gemeinsam herauszuarbeiten.

Kapitel 14

Mein negatives Selbstbild – meine Ehe

Ein Selbsterforschungs-Fragebogen

Ein negatives Selbstbild ist eine der Hauptursachen für Eheprobleme. Was kann ein negatives Selbstbild bewirken?

	stimmt	stimmt teilweise	stimmt nicht
1. Ich habe eine pessimistische Grundeinstellung zu mir und zum Partner.			
2. Ich will jemand sein und werden und konkurriere mit meinem Partner.			
3. Ich habe wenig Vertrauen in die eigene Fähigkeit und entwerte mich und den Partner.			
4. Ich will mich als Mann oder Frau durch sexuelle Eroberungen oder Praktiken beweisen.			
5. Ich lebe nicht in der Gegenwart, schaue auf die Vergangenheit und träume davon, was in der Zukunft alles sein könnte.			
6. Ich bin ständig sehr gereizt und beeinträchtige damit die Liebe zum Partner.			
7. Ich reagiere leicht mit Zorn, um mich vor persönlicher Kränkung zu schützen.			
8. Ich kann schlecht Lob – auch vom Partner – annehmen. Ich glaube dem anderen nicht.			

	stimmt	stimmt teilweise	stimmt nicht
9. Ich habe eine schlechte Meinung von mir und lasse mich leicht unterdrücken.			
10. Ich habe eine große Angst, allein zu sein.			
11. Ich habe eine große Angst, verlassen zu werden.			
12. Ich habe Angst vor der Nähe anderer Menschen. Ich könnte abgewiesen werden.			
13. Ich traue mich nicht, über meine Gefühle zu sprechen.			
14. Ich spreche am liebsten über meine Person negativ.			
15. Ich erwarte oft das Schlimmste.			
16. Ich mache mir viele Sorgen.			
17. Ich vermeide eigenständiges und selbstverantwortliches Handeln.			
18. Ich fühle mich von Gott immer wieder in Frage gestellt.			
19. Ich zweifle an Gottes bedingungsloser Liebe zu mir.			
20. Ich passe mich lieber an und überlasse dem Partner die Führung.			

Fragen zur Selbstprüfung:

1. Wenn Sie alle Fragen angekreuzt haben, fragen Sie sich, welche Punkte Sie am stärksten berühren? Woran liegt das?
2. Sind Sie bereit, mit Ihrem Partner über die angekreuzten Punkte zu sprechen?
3. Sind Sie bereit, mit einem Seelsorger über die Punkte zu sprechen, die Ihnen Schwierigkeiten machen und die Ihnen unklar sind?
4. Welche Gesichtspunkte wollen Sie – der Reihe nach – in Angriff nehmen und ins persönliche Gebet einbeziehen?

Kapitel 15

Vergebung in Partnerschaft und Ehe

Die zentralste Stelle im seelsorgerlichen Prozeß ist die *Vergebung*. Sie ist der Schlüssel zu harmonischen Zweierbeziehungen. Die verfahrenste Beziehung kann heil werden, wenn die Beteiligten einander vergeben können. Aber:
- Vergeben-können ist kein »Reiß-dich-am-Riemen-Kraftakt«,
- Vergeben-können ist keine moralische Bestleistung,
- Vergeben-können ist ein Geschenk,
- Vergeben-können ist Gnade.

Der Seelsorger kann die verborgenen Motive bewußt machen, die hinter der Beziehungsstörung liegen, und sie ins Licht heben. Daß aber wirklich eine geistliche Veränderung geschieht, bleibt immer ein Werk des heiligen Geistes.

»Liebende leben von der Vergebung« lautet der Titel, den der Dichter und Schriftsteller Manfred Hausmann einem seiner lesenswerten Bücher gegeben hat. An einer Stelle schreibt er kurz und unmißverständlich: »Wer nicht vergeben kann, darf nicht heiraten.« Und in der Tat:
- Wer nicht vergeben kann, ist nicht *partnerschaftsfähig*,
- wer nicht vergeben kann, ist nicht *liebesfähig*,
- wer nicht vergeben kann, *untergräbt* die eheliche *Gemeinschaft*.

Für die therapeutisch-seelsorgerliche Arbeit mit Ratsuchenden ergeben sich daraus einige Konsequenzen.

1. Vergebung ist ein Prozeß

Der amerikanische Autor David Augsburger schreibt: »Vergebung ist eine Reise, die aus vielen Schritten besteht.«[1]

Wer aktiv in der Seelsorge steht, weiß, daß
- Vergebung *Zeit braucht*,
- Vergebung einen *Umdenkungsprozeß erfordert*,

- Vergebung *neue Gewohnheiten* verlangt, die man eintrainieren muß.

Oft machen wir es uns in der Seelsorge zu leicht. Wir gehen davon aus, wer in Jesu Namen dem anderen vergibt, ist blitzartig frei, los und ledig von Vorbehalten, von Verletzungen, von Ressentiments und von Befürchtungen. Das *kann* geschehen. Die Regel ist es nicht.

Wer vergibt und den ersten Schritt zur Versöhnung beschreitet, ist nicht selten *tief gekränkt* worden. Monatelang, vielleicht jahrelang wurde ihm übel mitgespielt. Er wurde *hintergangen, betrogen* und *belogen*. Das soll mit einem Satz beseitigt sein? Ich möchte das an einem Beispiel verdeutlichen.

Eva ist 15 Jahre alt. Sie ist das mittlere Kind der Familie und die einzige Tochter. Ihre Mutter liebt den ältesten Sohn über alles. Er wird vorgezogen, bekommt Sonderrechte, ist ein *Musterschüler* und wird in der Familie und nach außen herausgestellt. Die Mutter ist stolz auf ihn.

Eva verhält sich schon als kleines Kind trotzig und kratzbürstig. Sie will ein Junge werden, reagiert burschikos, kleidet sich jungenhaft, um die Liebe der Eltern zu erringen. Die Mutter nörgelt nur an ihr herum, an der Kleidung, am Benehmen, an den Schulleistungen und am jungenhaften Verhalten. *Eva gerät in die Rolle des Außenseiters.* Sie kämpft um Aufmerksamkeit auf der negativen Seite des Lebens.

Die Eltern beten für sie und bitten auch die Verantwortlichen der Gemeinde, zu der sie gehören, für das Kind zu beten. Eva erfährt das und reagiert noch trotziger, schwänzt die Schule, gerät in die Drogenszene und verwahrlost.

An ihrem 16. Geburtstag finden die Eltern einen zerknüllten Brief im Papierkorb, der an die Mutter gerichtet ist und die bittersten Vorwürfe und Anklagen enthält.

Die Mutter geht mit dem Brief zum Seelsorger und erfährt, daß sie die Tochter um Vergebung bitten muß, um die Feindseligkeit zwischen Mutter und Tochter zu verringern.

Das erste Gespräch findet in einer Kneipe statt. Dahin hat die Tochter die Mutter eingeladen. Die Mutter ist über das Milieu entsetzt. In ihren Augen sieht die Tochter »unmöglich« aus. Ihre

Stimme klingt abweisend und feindlich. Und doch überwindet sich die Mutter, nimmt die Tochter in den Arm und bittet sie innig um Vergebung.
»Eva, ich habe deinen Brief gelesen. Du hast ihn zerknüllt und in den Papierkorb geworfen. Als ich ihn gelesen hatte, ist mir erschreckend deutlich geworden, was ich dir angetan habe. Ich verspreche dir, es wird anders.«
Die Mutter will ehrlich einen Neuanfang.
- Vergebung ist ein *erster Schritt* in die richtige Richtung.
- Vergebung ist ein *Anfang,* die Fronten aufzuweichen.
- Vergebung ist eine *Entscheidung,* eine falsche Haltung aufzugeben.
- Vergebung ist ein *Friedensangebot,* die Waffen schweigen zu lassen.
- Vergebung ist ein *Vertrauensvorschuß* auf den anderen zu.

2. Vergebung beinhaltet, Hintergedanken und Befürchtungen aufzugeben

Mutter und Tochter haben noch keinen Frieden. Der Krieg zwischen den beiden ist noch nicht beendet. Vergebung ist ein *Friedensangebot,* ein Angebot, die Waffen schweigen zu lassen.
Jetzt beginnen die Verhandlungen.
Jetzt beginnen die kleinen Schritte aufeinander zu.
Jetzt werden Vertrauensbeweise ausgetauscht.
Die Mutter hat Angst, daß die Tochter in die ausgestreckte Hand spuckt, daß sie sich selbst lächerlich macht, daß die Tochter die Mutter zum Narren hält.
In diesem Fall war die Vergebung *auch* ein Akt der Berechnung. In unsere edelsten Gedanken schleichen sich fragwürdige Motive. »Wenn wir die Sache mit der Tochter nicht regeln, wie stehen wir vor der Gemeinde da? Was denken die Geschwister? Unser guter Ruf hat einen erheblichen Knacks bekommen.«
Um kein Mißverständnis aufkommen zu lassen: Die Vergebung der Mutter war *nicht in erster Linie* ein Akt der Berechnung. Aber der

Gedanke an den eigenen guten Ruf hat die Vergebungsbereitschaft gefördert.
Wir haben es in der Seelsorge viel seltener mit faustdicken Sünden zu tun, als mit Sünden, die auf Samtpfoten einhergehen.

3. Bitterkeit und Wut müssen Schritt für Schritt abgebaut werden

Wie erlebt die Tochter die Begegnung mit der Mutter?
Im Waschraum hat sie hemmungslos geweint. Die Begegnung mit der Mutter war ein innerer Triumph. Vor den Augen der Mutter hat sie sich hart und unerbittlich gegeben, im Herzen brodelte es. Aber sie kann nicht von heute auf morgen umkehren und wie die »verlorene Tochter« in den Schoß der Familie zurückkehren. Der verlorene Sohn hat es auch lange in der »Szene« ausgehalten. Bevor jemand wirklich »in-sich-schlägt«, schlägt er wild um sich.
Die Tochter will den Triumph auskosten. Sie will den »Canossagang« der Mutter genießen. Sie muß ihre Wutgefühle noch eine Zeitlang befriedigen. Was werden die Freunde sagen, wenn sie plötzlich »umfällt«? Sie muß ihr Gesicht wahren. Und hat sie die Gewähr, daß die Mutter sich wirklich geändert hat? Bleibt der Älteste nicht ihr Liebling? Bleibt sie in den Augen der Mutter nicht der Rebell, der Ausreißer und Sündenbock?
Kann die Tochter die Enttäuschung, die sie jahrelang erlebt und erfahren hat, plötzlich aus dem Herzen verbannen und lautlos verschwinden lassen? Kann die Mutter ihre Befürchtungen, erneut gekränkt und hintergangen zu werden, mit Stumpf und Stiel aus der Seele reißen?
Der heilige Geist hat es schwer, unsere verdorbenen Gedanken und Gefühle, unsere vergifteten Empfindungen zu reinigen und zu heilen. David Augsburger sagt: »Vergebung ist eine Reise, die aus vielen Schritten besteht.«

4. Vergebung beinhaltet eine Lebensstilkorrektur

Vergebung beinhaltet eine *Gesinnungsänderung*,
Vergebung beinhaltet eine *Korrektur* des Lebensstils;
Vergebung beinhaltet einen *Kurswechsel* im Denken und Handeln.
Das bedeutet: Nicht nur *äußerlich* werden neue Umgangsformen praktiziert, sondern in der grundsätzlichen Lebenseinstellung hat sich eine Kehrtwendung vollzogen.
Vergebung beinhaltet: Ich *will* (mit Gottes Hilfe) dir vertrauen, auch wenn im tiefsten Herzen immer wieder Fragezeichen aufbrechen.
Vergebung beinhaltet: Ich *will* dir glauben, auch wenn -zig Enttäuschungen aus der Vergangenheit es mir schwermachen.
Vergebung beinhaltet: Ich *will* Frieden mit dir schließen, auch wenn der Unfriede noch nicht abgestreift ist.
Vergebung beinhaltet: Ich ziehe meine ausgestreckte Hand nicht zurück, ich bleibe auf dem Weg zu dir hin.
»Jede Änderung im Verhalten ist ein vollzogener Schritt in Richtung auf das angestrebte Ziel . . . Obwohl wir nicht vergessen, was war, denken wir einfach nicht mehr so oft an die Vergangenheit. Wenn wir an diesem Punkt angelangt sind, merken wir, daß Vergebung ein Prozeß ist, ein Lebensstil. Jeder vollzogene Schritt in diesem Prozeß vereinfacht den folgenden Schritt, denn der Prozeß der Vergebung ist lohnend. Gesunde Ehen, die sich weiterentwikkeln, beruhen auf diesem Prozeß.«[2]
Die Vergangenheit können wir nicht wie mit einen Tintenlöschstift beseitigen. Die Wunden der Vergangenheit holen uns immer wieder ein. Das Vergessen-können ist ein zusätzliches Geschenk Gottes. Den Deckel auf der Mottenkiste zu lassen, ist Gnade.
Wer aber ehrlich und rückhaltlos vergeben *will*, dem schenkt Gott das Durchhaltevermögen. Und haben wir uns erst einmal an die neue Richtung gewöhnt, fällt uns das Gehen leichter. Die folgenden Schritte gehen müheloser. Den anderen fällt es schwer, den Weg der Liebe zu durchkreuzen.

5. Wie kommt es, daß wir uns in der Vergebung belügen?

Nun gibt es aber immer wieder Menschen, auch Christen, denen die Vergebung schwerfällt oder die sich mit der Vergebung selbst belügen und betrügen. Sie vergeben sich mit *Worten*, aber nicht mit dem *Herzen*. Oberflächlich ist alles wieder in Ordnung. Die Verletzungen sind angeblich *weggegeben*, sie sind augenscheinlich bereinigt, aber in der Tiefe brodeln die Probleme weiter.

Wie kommt das zustande? Spielen die beiden – oder einer – absichtlich ein böses Spiel? Davon kann in der Regel keine Rede sein. Die Partner meinen es ehrlich, aber sie haben die unbewußten Ziele, die sie mit ihren Verletzungen verfolgt haben, nicht durchschaut. Oder sie wollen sie nicht durchschauen.

Darum zwei zusätzliche Hinweise:

a) Wer verletzt, verfolgt ein Ziel.

Auch wenn ein Mensch ganz spontan eine Bosheit begeht, verfolgt er damit ein unbewußtes Ziel. Das, was uns an häßlichen Bemerkungen herausrutscht, sind in der Regel keine Ausrutscher. Es sind Wutreaktionen und Verletzungen, die wir zurückgeben. Es sind Enttäuschungen, die aus der Tiefe ans Licht wollen. Wenn wir dann nach 15 Minuten, nach einer Stunde oder am Abend dem Partner zu verstehen geben: »Ich habe das nicht so gemeint!«, oder: »Ich habe das nicht gewollt!«, oder: »Ich wollte dir nicht wehtun!«,

– dann *beschönigen* wir unseren Zorn,
– dann *bagatellisieren* wir den Konflikt,
– dann *verharmlosen* wir, decken voreilig zu, wo wir reden sollten.

Wer dem Partner weh tut, wer ihm böse ist, wer den anderen verletzt, verfolgt damit fast ausnahmslos ein unbewußtes Ziel.

Wozu tut er das?

– Er will den anderen *kränken,*
– er will den anderen *treffen,*
– er will dem anderen *einen Denkzettel verpassen.*

Nur ganz wenige Verletzungen im Leben geschehen aus *Versehen*, ohne tiefere Motivation. Und solange diese unbewußten, unverstandenen Ziele nicht voreinander und vor dem lebendigen Gott offengelegt werden, bleibt die Vergebung halbherzig und oberflächlich.

Der Groll in der Tiefe bleibt lebendig. Von Harmonie kann keine Rede sein. Schulderkenntnis und Schuldbekenntnis beinhalten mehr als die einfachen Sätze: »Ich vergebe dir!« oder: »Bitte, vergib mir!«

Selbst das Gebet: »Herr, gib mir die Kraft, dem anderen zu vergeben«, bleibt wirkungslos, wenn die unverstandenen und sündhaften Mechanismen und Motive im Dunkeln bleiben. Wie sagte Nietzsche: »Im Keller heulen die Wölfe!« Die unbewußte Bosheit verhindert die völlige Wiederherstellung der Gemeinschaft. Der *Kopf* sagt zur Vergebung ja. Das *Herz*, der Keller des Unbewußten, sagt nein.

b) Vergebung in der Partnerschaft ist ein wechselseitiges Bemühen

Wenn Vergebung in der Ehebeziehung wirksam werden soll, müssen die sündigen und irrigen Motive auf beiden Seiten *er*kannt und *be*kannt werden. Der Begründer der Eheforschung in Europa, Dr. Theodor Bovet, sagt: »Ehebruch setzt immer eine brüchige Stelle in der Ehe voraus.« Das heißt:

Ehebruch ist ein Interaktionsproblem,

Ehebruch ist eine Beziehungsschwierigkeit.

Ehebruch kann eine Rache am Partner und kann eine Wutreaktion auf Enttäuschung sein.

Darum erfordert auch der Ehebruch eine *beidseitige* Vergebung. Die Fragen an beide lauten:

- Was hat den Ehebrecher veranlaßt, fremdzugehen?
- Was muß er erkennen und bekennen?
- Was hat der Partner getan oder unterlassen, so daß der Ehebrecher ermutigt wurde?

Verletzungen beinhalten oft Schuld auf beiden Seiten. Daher müssen die Versäumnisse und Sünden *beider Partner beim Namen genannt werden,* sonst bleibt die Vergebung ohne Tiefenwirkung.

6. Wie können unbewußte und unverstandene, sündhafte Ziele lauten?

Ich nenne drei mögliche Fehlziele, die einer wirklichen Versöhnung im Weg stehen können. Selbstverständlich gibt es wesentlich mehr.

Fehlziel Nr. 1: Verweigertes Vertrauen
»Ich will dir zwar vergeben, weil Christus es geboten hat, aber vertrauen kann ich dir nicht mehr. Du hast mein Vertrauen mißbraucht. Ich kann dir nicht mehr richtig glauben. Du bist im letzten Monat wieder fremdgegangen, du hattest mir hoch und heilig versprochen, es nicht mehr zu tun.«
Wer dem Partner vergibt, aber nicht vertraut, zerrüttet die Partnerschaft. Das ist kein Vorwurf, sondern eine Feststellung. Eine Ehe ohne Vertrauen ist wie ein Auto ohne Motor. Es springt nicht an, es fährt nicht, das Auto erfüllt nicht mehr seinen Zweck.
Eine Ehe ohne Vertrauen ist ein trostloses Nebeneinander. Eine Ehe ohne Vertrauen ist eine lieblose Notgemeinschaft. Der Satz: »Ich vergebe dir den Ehebruch« ist unwahrhaftig, solange ich mein *Mißtrauen* gegen den Partner aufrechterhalte.
Mißtrauen richtet Mauern auf.
Mißtrauen untergräbt die Harmonie.

Fehlziel Nr. 2: Vorbehalte und Bedingungen
»Ich vergebe dir den Ehebruch, aber ich bitte dich herzlich, daß wir ein halbes Jahr keinen Geschlechtsverkehr haben.«
Was heißt das? Ich vergebe dir, wie es sich geistlich gehört, *aber* ich stelle eine Bedingung.
Eine solche Vergebung ist unvollkommen. Sie ist mit einem Racheakt verbunden. Die Vergebung ist mit einer Bestrafung verknüpft. Der verletzte Partner hat den Ehebruch des anderen nicht verarbeitet. Wirkliche Vergebung duldet keine faulen Kompromisse.
Ich vergebe dir, *aber* ich kann noch nicht mit dir ins Bett,
ich vergebe dir, *aber* ich will mich dir noch nicht ausliefern!

Wir spüren,
– das ist Vergebung mit *Bedingungen,*
– das ist Vergebung mit *Einschränkungen,*
– das ist eine Vergebung mit *Vorbehalten.*

Deutlich wird: Vergebung ist ein Prozeß. Sie gelingt uns in der Regel nicht mit einem spontanen Bekenntnis.

Die Wunden müssen auf beiden Seiten heilen. Die Verletzungen müssen in großer Geduld ausgeräumt werden.

Fehlziel Nr. 3: Versteckter Hochmut

»Ich vergebe dem anderen seine Verfehlungen, aber ich glaube nicht, daß er sich wirklich ändern will. Ich habe den Eindruck, er nimmt die Vergebung aus Gott nicht ernst. Die Worte ›Vergib mir!‹ sind ihm ein bloßes Ritual – ohne Ernst. Sie gehen ihm schnell und aalglatt über die Lippen. Alles in allem: Er macht es sich in meinen Augen zu leicht.

Mich stört seine *Leichtigkeit;*
mich belastet seine *Oberflächlichkeit,*
mich beschwert, daß er eine *›billige Gnade›* praktiziert.«

Wer so denkt, vergibt zwar, gleichzeitig fühlt er sich dem anderen geistlich und moralisch *überlegen.* Die Vergebung bekommt einen pharisäerhaften Anstrich. Sie hilft nicht, Eheschwierigkeiten zu beseitigen.

Für den anderen Partner kann folgendes Verhaltensmuster maßgebend sein:

»Ich kann mir erlauben, was ich will, Gottes Gnade ist grenzenlos. Außerdem halte ich die Vorstellungen meines Partners über mich für übertrieben. Er macht aus Mücken Elefanten.«

Was geschieht hier?

Beide erkennen nicht, daß sie einen Machtkampf führen. Keiner läßt den anderen gelten. Jeder verletzt den anderen mit seinen Waffen. Solange nicht jeder Partner vor Gott und dem anderen seine sündhaften Fehlziele erkennt und bekennt, bleibt eine Vergebung für die Gemeinschaft in der Ehe wirkungslos. Wirkliche Vergebung befreit jeden von uns von gegenseitigen Kränkungen.

Gott schenke uns, daß wir das, was wir für uns erkannt haben und was für unsere Partnerbeziehung hilfreich ist, in die Tat umsetzen.

Kapitel 16

Die vier Lebensaufgaben

1. Wie gewichte ich meine vier Lebensaufgaben?

Das Leben jedes Menschen, auch des Christen, ist im wesentlichen durch vier Lebensaufgaben gekennzeichnet. In diesen vier Bereichen kommen Probleme und Schwierigkeiten, Konflikte und krankhafte Störungen zur Sprache.
Wer verantwortlich therapeutische Seelsorge betreibt, sollte diese vier Gebiete hinterfragen. Da der Mensch eine Einheit ist und er sich ganzheitlich durchs Leben bewegt, werden auch seine Schwierigkeiten in allen Bereichen sichtbar.

Die Graphik hilft dem Ratsuchenden, seine Probleme nicht losgelöst vom Alltag zu sehen, sondern sie auf dem Hintergrund der vier Lebensaufgaben zu analysieren und konkret an einer Veränderung zu arbeiten.

Lebensaufgabe Nr. 1:	Arbeit und Beruf
Lebensaufgabe Nr. 2:	Liebe, Partnerschaft, Ehe
Lebensaufgabe Nr. 3:	Gemeinschaft, Freundschaft, Freizeit und Beziehung
Lebensaufgabe Nr. 4:	Christlicher Glaube, Gottesbeziehung, Sinn des Lebens

Der Kreis stellt mein Leben mit den 4 Lebensaufgaben dar

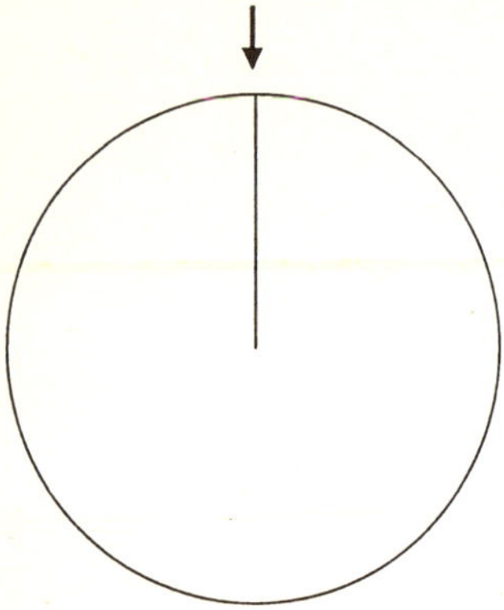

Ein Beispiel kennzeichnet die persönliche Gewichtung der 4 Lebensaufgaben

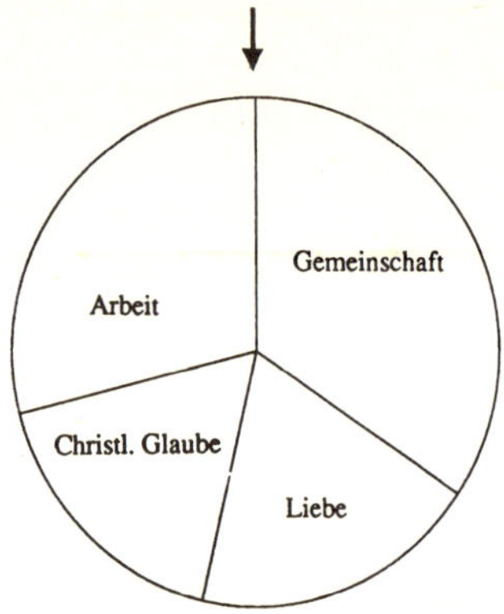

2. Hinweise für den Seelsorger

1. Die vier Lebensaufgaben bestimmen das Leben jedes Menschen, auch das des Christen. Der christliche Glaube muß sich in *allen* Bereichen des Lebens bewähren.

2. Jeder Ratsuchende teilt nach seinen Vorstellungen den Kreis ein. Wenn er will, kann er noch andere Aspekte hinzunehmen (Freizeit, Hobbys usw.).

3. Der Ratsuchende kann sich mit seinem Partner bzw. mit Freunden oder Familienangehörigen über den Umfang der verschiedenen Aspekte unterhalten:
Was drückt die Graphik aus?
Ist die Aufteilung seines Lebens in die verschiedenen Lebensaufgaben zufriedenstellend?
Sind einige Aufgaben überbetont?
Sind bestimmte Lebensaufgaben unterbetont?

Wo erkennt der Ratsuchende seine geistliche Fehleinstellung? Welche falsche Lebensgrundeinstellung kennzeichnet den Lebensentwurf?

4. Ist der Ratsuchende bereit, erkannte Defizite abzuändern? Welche *konkreten* Schritte will der Ratsuchende unternehmen?

5. Für den Seelsorger ist wichtig, daß er nicht gleich seinen Kommentar gibt, sondern den Ratsuchenden danach fragt, wie er selbst sein Lebenskonzept bewertet.

6. Die Änderung einer falschen Gewichtung der Lebensaufgaben erfordert eine solide seelsorgerliche Arbeit. Seelsorger und Ratsuchende müssen sich vor Allgemeinplätzen hüten. Die Schritte zur Korrektur sollten klein und präzise formuliert sein.

Kapitel 17

Übertragung und Gegenübertragung

1. Was ist eine Übertragung?

Manfred ist 16 Jahre alt, gehört der Jugendgruppe einer evangelischen Gemeinde an und glaubt, gleichgeschlechtliche Neigungen bei sich erkannt zu haben. Er ist darüber tief beunruhigt und kämpft schon seit langem mit sich, einen älteren, verständnisvollen Menschen ins Vertrauen zu ziehen. Sein Vater ist Lehrlingsausbilder in einem Stahlwerk und kann im allgemeinen gut mit jungen Leuten umgehen. An zwei Stellen gerät der Sohn allerdings oft mit dem Vater in Konflikt: Wenn er unpünktlich ist – sein Vater liebt zwanghaft die Pünktlichkeit und reagiert hart, wenn sie mißachtet wird – und wenn er den Lehrlingen – und damit auch seinem Sohn – die Kompetenz abspricht, in politischen, wirtschaftlichen und geistigen Fragen mitreden zu wollen.
Manfred kennt in der Nachbargemeinde einen Pfarrer, den er einige Male predigen gehört hat und der eine progressive Einstellung in Erziehungsfragen erkennen ließ. Manfred sucht ihn einige Male auf, um seine Probleme mit ihm zu besprechen. Nach dem dritten Gespräch ist der Kontakt blockiert. Manfred lehnt weitere Gespräche ab, und zwar ohne Begründung. Dem Pfarrer gelingt es, zwischen dem Jungen und mir neue Gespräche zu vermitteln.
Als der Junge zu mir kommt, benutzt er das erste Gespräch, um seine Verärgerung über den Seelsorger loszuwerden. Es handelt sich nicht um eine sachliche Kontroverse. Aber er hat seine Animosität gegenüber einer überlegenen Persönlichkeit und Rechthaberei des Vaters auf den Pfarrer übertragen, der genau über diese beiden Empfindlichkeiten des Jungen gestolpert ist und – unbewußt selbstverständlich – die Tragfähigkeit der Beziehung trotz ehrlicher Bemühung nicht mehr hat herstellen können. Als der Junge beim

zweiten Besuch eine Viertelstunde zu spät kam, der Pfarrer also vergebens auf den Ratsuchenden wartete, machte der Seelsorger seiner Verärgerung akustisch und mimisch Luft. Der Ton des Gesprächs bekam ungewollt eine gewisse Schärfe. Der Junge hörte eine Bevormundung heraus, schwieg aus Trotz und begegnete dem Pfarrer, wie er seinem Vater in den vergangenen Jahren in solchen Situationen begegnet ist. Der Pfarrer wird verunsichert, der Kontakt ist abgerissen, und eine Überbrückung der Spannung gelingt beiden Gesprächspartnern nicht.

Was ist geschehen?

Der Junge hat eine unangenehme, ständig sich wiederholende Erfahrung mit dem Vater auf den Pfarrer *übertragen.* Die Abneigung des Jungen gegen den Pfarrer findet ihre Ursache also nicht in der *unangenehmen Person* des Seelsorgers, sondern basiert auf *Übertragung.* Negative Erlebnisse, verbunden mit schmerzlichen Gefühlsreaktionen, werden auf den seelsorgerlichen Berater projiziert.

Wir verstehen unter »Übertragung« also die Neigung des Menschen, z. B. in der Begegnung mit dem Seelsorger Gefühlsreaktionen und Verhaltensmuster wiederaufleben zu lassen, die aus der frühen Jugend stammen, in der er mit Schlüsselpersonen bestimmte Erlebnisse hatte.

Unsere ersten sozialen Beziehungen haben sich im Laufe der Jahre zu relativ konstanten Gefühlseinstellungen verdichtet und bestimmen, auf welche Art und Weise wir unsere Beziehungen zu anderen gestalten. Es sind gleichsam Verhaltensmuster, die rahmenhaft unser Verhalten zu anderen Menschen bestimmen. Diese Gefühlseinstellungen, die der Mensch in den ersten Lebensjahren in seinen Lebensplan eingebaut hat, *überträgt* er gern auf den Seelsorger. Alfred Adler spricht von der *tendenziösen Apperzeption,* der subjektiven Wahrnehmung, einer Verzerrung der Wirklichkeit aufgrund unserer Erfahrung mit der Umwelt.

Versagungen und Enttäuschungen können das Gefühlsleben unterentwickelt lassen. Die Anpassungen an die Forderungen der Gemeinschaft sind gestört. Solche Personen begegnen den Mitmenschen mit

– übertriebener Scheu,

– mit verständlicher Abwehr
– oder mit übertriebenem Liebesverlangen.

2. Wie können sich Übertragungen äußern?

Die Übertragung enthält besonders Erwartungen, Hoffnungen und Befürchtungen, die mit starken gefühlsmäßigen Reaktionen verbunden sind. Die Übertragung steht ganz im Dienste des Ichs. Subjektiv gesehen ist sie hilfreich, vernünftig und verständlich. Geht man objektiv daran, erscheint das Verhalten des Menschen unbegründet oder sogar lächerlich. Wir halten ihn für blind und starr. Wie können wir uns das Geschehen verständlich machen?
Wer beispielsweise eine sehr verwöhnende Mutter gehabt hat, *überträgt* die erfahrene Verwöhnung, Überbeschützung und Nachsicht auf seine spätere Frau. Er erwartet, ebenso verwöhnt, überbeschützt und nachsichtig behandelt zu werden.
Hat die Frau aber eine ebensolche Erwartung und *überträgt* auf den Mann die Erwartung, beschützt und mit starken Armen umfangen zu werden, ist die Ehe in Gefahr. Die Übertragungen und damit bestimmte Erwartungen beider Partner prallen aufeinander. Beide lieben aneinander vorbei und können u. U. ihre Fehler nicht verstehen.
Andere Übertragungen können sein:
– Wie der Ratsuchende von seiner Mutter *im Stich gelassen* wurde, so kann er befürchten, vom Seelsorger im Stich gelassen zu werden.
  Da ruft eine Dame an und möchte mit mir einen Termin vereinbaren. Sie hat einige Probleme, für die sie dringend eine Lösung sucht.
  Sie: »Wann kann ich mal zu Ihnen kommen?«
  Ich: »In acht Wochen kann ich Ihnen einen Termin nennen. Bis dahin müssen Sie sich bitte gedulden!«
  Sie: »Das habe ich mir doch gleich gedacht. Ich habe immer Pech. Auf wen kann man sich eigentlich verlassen!«
  Als sie acht Wochen später tatsächlich kommt, stellt sich der Hintergrund ihrer Enttäuschung heraus. Ihre Mutter war Bar-

dame und hatte sie als Kind willkürlich bis zum Exzeß behandelt. Die Mutter versprach etwas und hielt es nicht. Sie kam, wann sie wollte, ging, wenn es ihr Spaß machte. Das Kind fühlte sich verraten. Selbst jetzt als erwachsene Frau reagiert sie noch verletzt.

Ein Erfolg der Beratung basierte bei dieser Frau auf der Tatsache, daß man rigoros Termine auf die Minute genau einhielt, ohne die getroffene Abmachung wieder zu verändern. Die Frau mußte Verläßlichkeit erleben und vorgelebt bekommen. Sie mußte in längerer Beratung die Erfahrung machen, daß man sich doch auf Menschen verlassen kann und nicht von allen sitzengelassen wird.

- Wie der Ratsuchende von seinem Vater immer *ausgefragt* wurde und das unangenehm empfunden hat, so kann er sich vom Seelsorger ausgefragt fühlen;
- wie er das Gefühl hatte, vom Vater *nicht ernst genommen* zu werden, kann er das Gefühl haben, vom Seelsorger nicht ernst genommen zu werden;
- wie der Ratsuchende das Gefühl haben kann, von seiner Mutter *beherrscht* und *kommandiert* worden zu sein, kann er das Gefühl haben, vom Seelsorger kommandiert zu werden;
- wie er besonders alten und Respekt-einflößenden Personen enthusiastisch Vertrauen entgegenbringt, so kann er dem Seelsorger, der diesen Vorstellungen entgegenkommt, übertrieben angetan gegenübersitzen;
- wie der Ratsuchende die *Schwülstigkeit* bei einem Elternteil gehaßt hat, so haßt er die Schwülstigkeit, die er beim Seelsorger wiederfindet;
- wie er sich *kühl* und *lieblos* behandelt glaubt, beschleicht ihn das gleiche Gefühl beim Seelsorger;
- wie er *ohne Vertrauen* zu Eltern, Lehrern oder Erwachsenen aufgewachsen ist, wird er mißtrauisch und lauernd seinem Seelsorger begegnen.

Dieser Übertragungsmechanismus kann die Gesprächsbeziehung empfindlich stören. Der Seelsorger kann sich irritiert fühlen, er kann das Mißtrauen des Ratsuchenden persönlich nehmen, er kann beleidigt auf sein Mißtrauen reagieren.

Allgemein gilt:
Die Gefühlsbeziehungen, die wir uns in der Kindheit angeeignet haben, treten selbstverständlich wieder in der beratenden Seelsorge auf.
Vertrauen und Mißtrauen,
Sympathien und Antipathien,
Geborgenheit und Zukurzgekommensein,
wie wir es in der Kindheit erlebt haben, spielen unbewußt in die Begegnung mit dem Seelsorger hinein.

3. Verschiedene Formen der Übertragung

Übertragungen können sich auch auf Situationen beziehen:
- auf die Bilder im Zimmer,
- auf die penetrante Anordnung der Gegenstände,
- auf die Atmosphäre des Sprechzimmers,
- auf das Haus des Seelsorgers, das angenehme oder unangenehme Erinnerungen wachruft.

Es besteht kein Zweifel, daß wir diese versteckten Mechanismen oft nicht durchschauen.
Weitere Übertragungen können sich beziehen auf:
- die wohltönende, warmherzige Stimme,
- die nüchterne, sachliche Art der Rede,
- die zugewandte, fröhliche, extravertierte Art,
- die Art zu widersprechen,
- die Art des einfühlenden Verstehens und Akzeptierens,
- die wohltuende Distanz,
- den Körpergeruch,
- den bestimmten Sprachgebrauch,
- die Art, sich zu kleiden,
- die Leichtigkeit der Bewegungen,
- den vertrauenerweckenden Blick.

Alle Sympathien, Antipathien, Zuneigungen, Haß und Wutgefühle, Anhänglichkeit und Liebe können in der Übertragung mobilisiert werden.
Ein junger Mann von 19 Jahren, seit längerer Zeit Gruppenleiter

und verantwortlicher Mitarbeiter in einer Freikirche, hat von heute auf morgen seine Mitarbeit in der Gemeinde aufgekündigt. Der Prediger ist ziemlich ratlos und kann sich die Kurzschlußhandlung, wie er meint, nicht erklären. Er hat in den letzten Tagen eine kleine Auseinandersetzung mit dem ehrenamtlichen Mitarbeiter gehabt, die er aber für so belanglos hält, daß er sie mit dem Ausscheiden des tüchtigen Helfers nicht in Verbindung bringen will. Dieser kommt – mit sich sehr unzufrieden – in die Beratung.

Ich: »Prediger X sagte mir am Telefon, daß Sie eine kleine Auseinandersetzung mit ihm gehabt hätten. Ist es möglich, daß sie mit Ihrer Mitarbeit zusammenhängt?«

Er: »Kleine Auseinandersetzung. Sehr schön. Er hat mich fertig gemacht. Er wollte mir den Mißerfolg für eine Sammlung allein in die Schuhe schieben. Und auf solche Unterstellungen reagiere ich ausgesprochen allergisch. Da bin ich nun mal empfindlich.«

Ich: »Vermutlich ist es die Schuldzuschreibung auf Sie allein, die Sie so gereizt hat reagieren lassen.«

Er: »Genau, das ist es. Sehen Sie, ich komme aus einer Familie mit vier Kindern. Ich war der Älteste. Immer sollte ich die Vernunft in Person sein. Für alles wurde ich verantwortlich gemacht. Und buchstäblich alles blieb an mir hängen. Mich zog mein Vater zur Rechenschaft. Ich trug die Schuld für alles und nichts. Ich war der Prügelknabe der Familie.«

Die wenigen Sätze aus der Biographie dieses jungen Mannes offenbaren seine Achillesferse. Er ist der Älteste und wurde für *alle* Mißerfolge, für alle Streiche und Pannen verantwortlich gemacht. Leidenschaftlich hat er sich gegen diese einseitigen Unterstellungen zur Wehr gesetzt.

Es bleibt nicht aus, daß er diese Empfindlichkeit auf den Prediger *überträgt*, der unwissentlich die Rolle des Vaters übernehmen muß und die unangenehme kindliche Erziehung aufleben läßt.

Die schmerzlichen Erlebnisse, die der Mitarbeiter auf den Prediger überträgt, lassen seine *Kurzschlußreaktion* – wie der Prediger das Hinwerfen der Mitarbeit charakterisiert hat – verständlicher erscheinen.

Der Mitarbeiter sieht seine Aggression gegen den Prediger im anderen Licht. Die Erhellung der Zusammenhänge ermöglicht ihm eine Revision seiner überstürzt getroffenen Entscheidung. Er gewinnt die innere Freiheit, von sich aus den Prediger aufzusuchen und den Konflikt zu bereinigen.

4. Gegenübertragungen

Der Übertragung des Ratsuchenden steht die Gegenübertragung des Seelsorgers gegenüber. Der Berater überträgt – zunächst unbewußt – Gefühle auf den Ratsuchenden. Die Art seines Verhaltens, Gebarens, Fühlens weckt im Seelsorger positive oder negative Gefühle. Der Seelsorger wird mit bestimmten Menschen nicht fertig. Er hat beispielsweise Schwierigkeiten im Gespräch

- mit Alten,
- mit bestimmten Männern,
- mit bestimmten Gruppen,
- mit Langhaarigen,
- mit Liberalen,
- mit Fanatikern,
- mit Gesetzlichen,
- mit unangenehmen Führernaturen,
- mit Rechthabern,
- mit Zwangsneurotikern,
- mit Übergenauen,
- mit Hundertdreiprozentigen.

Es ist notwendig, daß sich der Seelsorger seiner schwachen Stellen bewußt wird, er kann sonst zu Fehleinschätzungen gelangen. Er kann sonst unbewußt Aggressionen heraufbeschwören, kann Abwehr hervorrufen und Widerstand auslösen.

Wer bei Kindern und Jugendlichen beispielsweise falsche Töne anschlägt, sollte den Mut haben, Kinder und Jugendliche zu bekannten und befreundeten Seelsorgern zu überweisen. Wer unverheiratet ist und sich speziell gegenüber verheirateten Männern und Frauen unsicher fühlt, sollte nicht unbedingt solche Gespräche übernehmen wollen. Jeder Mensch erfährt Begrenzungen, er sollte sie kennen und dementsprechend handeln.

5. Die Übertragung als Mittel zum Zweck

Viele Ratsuchende wollen zwar gesund *sein*, aber nicht gesund *werden*. Sie sind bereit, sich im Krankenhaus beispielsweise operieren und lange behandeln zu lassen. Aber sie sind nicht bereit, selbstverantwortlich ihren Teil zur Heilung und Gesundung beizusteuern. Sie stimmen zu und erwarten, daß etwas *an* ihnen geschieht. Aber sie widersetzen sich, wenn sie für die Fehlhaltung und Fehleinstellung verantwortlich gemacht werden.

Der Neurotiker *braucht* seine Krankheit und seine Symptome, um leben zu können. Er *benutzt* seine Krankheit, um sich vor den Lebensaufgaben zu drücken. Jede Beratung und Seelsorge muß in ein kritisches Stadium kommen, wenn sie Erfolg hat, wenn der Neurotiker beginnt, seine Ziele zu ändern, seine Symptome abzulegen.

Es kann also geschehen, daß der Ratsuchende unbewußt den Seelsorger emporlobt, ihn mit Lobeshymnen eindeckt, seine einzigartige Gesprächstechnik hervorhebt, seine Gabe der Menschenbehandlung anspricht und sein großes Einfühlungsvermögen preist. Was kann der Ratsuchende mit diesem Verhalten bezwekken? Die Lobeshymnen bleiben oft beim Seelsorger nicht wirkungslos. Eine verkappte Eitelkeit wird geweckt, das Selbstgefühl gesteigert. Die sachliche Atmosphäre zwischen Seelsorger und Ratsuchendem ist getrübt. Die Konfliktbearbeitung kommt zum Stillstand. Der Ratsuchende hat es verstanden, den Seelsorger durch Lobhudelei zum Entgegenkommen zu veranlassen. Unbemerkt treten Seelsorger und Ratsuchender auf der Stelle. Das Ziel des Ratsuchenden ist erreicht. Er verharrt weiterhin in seiner Fehleinstellung oder Krankheit.

Eine andere Form der Übertragung, die unbewußt als Mittel zum Zweck benutzt wird, ist die *Verliebtheit* eines Ratsuchenden in den Seelsorger. Es muß nicht zu körperlichen Kontakten kommen, aber zu eingestandenen oder uneingestandenen Liebeserklärungen. Wieder kann die Verliebtheit in Form von Bewunderung für die Arbeit, in Anerkennung in die zur Verfügung gestellte Zeit und in geschickte Schmeicheleien für die Art der Gesprächsführung gekleidet sein. Diese Verliebtheit hat in der Regel nichts mit einer

wirklichen Liebe des Ratsuchenden zum Seelsorger zu tun, sondern zielt darauf ab, die Arbeit des Seelsorgers zu untergraben und seine Bemühungen zu torpedieren.
Das unbewußte Arrangement des Ratsuchenden ist darauf abgerichtet, den alten Zustand aufrechtzuerhalten. Ein Sprichwort kennzeichnet treffsicher dieses Verhalten: »Wasch mich, aber mach mich nicht naß!«
Der Ratsuchende scheint hin- und hergerissen zu sein. Auf der einen Seite soll ihm geholfen werden, auf der anderen Seite hat er Angst vor jeglicher Veränderung. Er fürchtet die Verantwortung, die er als Gesunder voll übernehmen muß.
So kann es sogar zu *Spontan-Heilungen* kommen.
»Ihr Gespräch hat mir so geholfen. Ich fühle mich wie befreit. Es geht viel besser. Plötzlich kann ich mit den Schwierigkeiten fertig werden!«
Was ist geschehen? Was kann geschehen sein? Der Ratsuchende hat sich mit dieser Flucht in die eingeredete Heilung vor einer intensiven Beschäftigung mit seinen eigentlichen falschen Zielen und Motiven gedrückt. Er hat Angst vor der Wahrheit.
Was immer auch über einen Ratsuchenden zu sagen ist, es gilt auch für den Seelsorger. Auch er ist ein Mensch mit unbewußten und bewußten Motiven, mit Vorurteilen, mit fehlerhaften und falschen Zielen. Er kann es nicht verhindern, daß er dem Ratsuchenden mit Vorurteilen, mit Sympathie und Antipathie, mit Offenheit oder Mißtrauen begegnet. Der Seelsorger kann dem Ratsuchenden wie »ein guter Vater« oder eine »gute Mutter« begegnen. Aber die Beratungstechnik erfordert es, daß der Seelsorger sich Zügel anlegt. Ein unkontrolliertes Helfen-wollen steht einem erfolgreichen Gespräch im Wege.

6. Gegenübertragung und Überidentifizierung

Die Gegenübertragung kann sich in Form einer *Über-Identifizierung* zeigen. Identifikation meint Gleichsetzung. Wir haben mit dem anderen etwas gemeinsam. Sie ist ein Bestandteil jeder seelsorgerischen Bemühung. Allerdings kann der Seelsorger des Guten zu viel

tun. Er *über*identifiziert sich mit bestimmten Problemen des Ratsuchenden und macht sie zu seinem Anliegen. Er steigert sich geradezu in die Rolle des Ratsuchenden hinein.
Herr Müller sucht in seiner Gemeinde einen Mann seines Vertrauens auf, den er seit Jahren kennt, mit dem er mal unter Männern eine ärgerliche Sache, die seine Ehe betrifft, besprechen will. Herr Müller weiß, daß der Laien-Seelsorger – so weit man das beurteilen kann – eine gute Ehe führt, als Kaufmann und Christ sehr sachlich ist und im Gemeindeleben eine führende Rolle spielt. Er erzählt ihm, daß seine Schwiegermutter – eine äußerlich und innerlich gewichtige Persönlichkeit – fortlaufend in seine Ehe hineinregiert, seiner Frau nach fünfzehn Ehejahren immer noch Anweisungen für Küche, Geldausgaben und Kindererziehung erteilt und damit ständig Kontroversen zwischen den Ehepartnern heraufbeschwört. Herr Müller ist ein ruhiger und nachgiebiger Mann, nur darum hat er bisher die ständigen Einmischungen seiner Schwiegermutter ohne Wut und Handgreiflichkeiten überstehen können. Seit aber das letzte Kind der Schwiegermutter verheiratet ist, verdoppelt sie ihre Bemühungen, die Geschicke der Familie Müller entscheidend mitzubestimmen. Der Seelsorger hat den Bericht zur Kenntnis genommen und macht den Vorschlag, mit allen Beteiligten ein klärendes Gespräch zu führen. Das Gespräch findet tatsächlich statt. Zu viert treffen sich eine Woche später im Haus des Laien-Seelsorgers das Ehepaar Müller und die Schwiegermutter. Die resolute alte Dame ergreift auch gleich das Wort, stellt ihre Position als Mutter heraus, spricht von einer gewissen Hilflosigkeit ihrer Tochter und von den guten Absichten, die sie mit ihren häufigen Besuchen in der Familie des Schwiegersohnes verfolgt.
Der Seelsorger räumt den übrigen Beteiligten kein Wort der Entgegnung ein, sondern stellt sich rückhaltlos auf die Seite des Schwiegersohnes. Er nimmt die Gelegenheit wahr, das Verhalten der Schwiegermutter als familienfeindlich, ehestörend, unchristlich und lieblos hinzustellen. Seine Einstellung läßt nichts zu wünschen übrig.
Nach einer halben Stunde steht die Schwiegermutter auf, verläßt wortlos das Zimmer und läßt die übrigen ratlos zurück. Das Tischtuch zwischen Schwiegermutter und Schwiegersohn ist zer-

schnitten. Wie konnte es zu dieser mißlungenen Aussprache und zu dem Zerwürfnis kommen?
Der Seelsorger ist in der Tat ein besonnener Mann, dessen Wort in der Gemeinde gilt. Aber er hat selbst zehn Jahre im Hause seiner Schwiegermutter gewohnt, die als dominierende Frau dem jungen Paar viel Kopfschmerzen bereitet hat. Sie war es gewöhnt, über ihren schwachen Mann und die Kinder zu bestimmen, um auf den Schwiegersohn offen oder versteckt Einfluß zu nehmen. Als Christ glaubte der Seelsorger, den unteren Weg gehen zu müssen und hatte mißmutig geschwiegen.
In dem Gespräch *überidentifizierte* er sich unbewußt mit den Problemen eines gut bekannten Gemeindemitgliedes, erlag dem Problem der *Gegenübertragung* und richtete im Grunde mehr Schaden als Nutzen an. Die Gegenübertragung verursachte im Seelsorger einen blinden Fleck und machte eine wirksame Hilfe unmöglich.

7. Wie hängen Übertragung und Widerstand zusammen?

Ist der Ratsuchende ein Drückeberger, also ein Mensch, der irgendwelchen Lebensaufgaben ausweicht, der im Beruf, in der Ehe, in der Familie, in der Gemeinschaft und in der Liebe nicht zurechtkommt, wird er gleich zu Anfang des Gesprächs versuchen, den Seelsorger in die Rolle des starken Vaters oder der betreuenden Mutter zu versetzen, um weiterhin vor der Verantwortung und den Aufgaben fliehen zu können. Das ist sein verstecktes Ziel. Der Seelsorger, der eine tragfähige Beziehung aufbauen will, gewährt ihm auch zunächst einen großen Schutzraum, den der Ratsuchende weidlich auszunutzen versteht. Seelsorger, die nicht aufpassen, werden plötzlich vom Ratsuchenden überfahren und werden den Lebensflüchtling nicht mehr los. Der Ratsuchende bleibt ein Gefangener seiner neurotischen Arrangements.
Der beratende Seelsorger durchschaut mehr und mehr diese unbewußt geschickten Kunstgriffe des Ratsuchenden und versucht, ihm vorsichtig die Zusammenhänge bewußt zu machen. Jetzt setzt der *Widerstand des Ratsuchenden* ein. Denn er will alle Vorteile bewahren, die ihm zu Anfang gewährt wurden. Außerdem will er keine Änderung akzeptieren.

Die Heilung einer Neurose erfordert nicht nur die Bewußtmachung einer falschen privaten Logik des Ratsuchenden, sondern sie erfordert die erzieherische Umwandlung, die Korrektur seiner Irrtümer und irrigen Ziele, die Rückgewinnung einer befriedigenden Kommunikationsmöglichkeit und das verantwortliche Anpacken seiner Lebensaufgaben.

8. Der Widerstand in der therapeutischen Seelsorge

Wo Gespräche stattfinden, muß der Seelsorger mit Widerstand rechnen. Widerstand kann bewußt und unbewußt vom Ratsuchenden arrangiert sein. Widerstand stellt die konstruktive Mitarbeit des Ratsuchenden in Frage. Der Beratungs- und Seelsorgeprozeß ist blockiert.

Wie ist der Widerstand des Ratsuchenden zu verstehen?

a) Widerstand ist die Weigerung des Ratsuchenden, unbewußte Motive, die verhaltens- und erlebnisorientiert wirksam geworden sind, als Motive zu erkennen.

- Der Widerstand wird geweckt, wenn der Seelsorger dem Ratsuchenden Deutungen *überstülpen* will.
- Widerstand tritt auf, wenn der Seelsorger den Ratsuchenden auf bestimmte Verhaltensmuster *festlegen* will.

b) Widerstand ist Demonstration eines für den Betroffenen logischen Wertsystems, ist Sicherung und Selbsterhaltung des neurotischen Lebensplans.

- Der Ratsuchende will seine alten, eingefahrenen Muster beibehalten. Sein neurotisches Verhaltensrepertoire ist ihm lieber als eine Änderung seines Lebens.
- Widerstand ist Rechtfertigung seiner Leitmotive.

c) Widerstand ist ein Selbstschutz des Ratsuchenden davor, seine Minderwertigkeitsprobleme zuzulassen.

- Schwächen und Defizite sollen vertuscht, Mängel und Fehler überspielt werden.

- Der Ratsuchende *benutzt* seine Minderwertigkeitsgefühle, um nicht bloßgestellt zu werden.

Wie kann sich Widerstand äußern?

a) Widerstand wird deutlich in der Berufung auf Autoritäten, die anderer Meinung sind als der Seelsorger.
- Der Ratsuchende zitiert den berühmten Theologen X oder einen bekannten Therapeuten, der *aber* gesagt habe, ...
- Auseinandersetzungen mit dem Seelsorger signalisieren Widerstand. Der Beratungsprozeß stagniert.

b) Widerstand kann sich äußern in der Berufung auf den heiligen Geist, der bestimmte Anweisungen gegeben habe.
- Mit der Berufung auf den Heiligen Geist nimmt der Ratsuchende die höchste Autorität in Anspruch, die es gibt. Diese Inanspruchnahme bedeutet Abwertung des Beraters, indem sie besagt: Die Weisungen, die ich erhalten habe, sind unanfechtbar.

c) Widerstand kann auch vom Seelsorger ausgehen und verschiedene Gründe haben:
- Er lehnt den Ratsuchenden ab und weckt damit den Widerstand.
- Er lehnt verschiedene Verhaltensmuster beim Ratsuchenden ab.
- Er will den Ratsuchenden in eine bestimmte Richtung drängen.
- Er lebt eine Gegenübertragung.

d) Widerstand beinhaltet Projektion auf andere: auf andere Menschen, auf Umstände, auf den Seelsorger.
- Der Ratsuchende sucht »Sündenböcke« für sein Versagen.
- Der Ratsuchende schiebt die Verantwortung von sich ab.
- Der Ratsuchende sieht im Seelsorger seinen Vater, seine Mutter, seine Großmutter usw. Mit ihnen hat er Schwierigkeiten gehabt.

e) Widerstand äußert sich darin, daß der Ratsuchende
- zu spät kommt,
- Termine vergißt,
- Zweifel äußert,
- gehäuft Termine verschiebt oder absagt

– ständig kritisiert.

Darin wird deutlich: Der Ratsuchende ist nur mit halbem Herzen dabei. Andere Dinge sind ihm wichtiger. Ihm fehlt der »Leidensdruck«.

f) Andere Formen des Widerstandes sind:

- Schweigen,
- diskutieren wollen,
- theoretische Auseinandersetzungen führen,
- vom Problem ablenken.

Wer ständig ablenkt, ist am Problem wenig interessiert. Wer schweigt, will etwas verschweigen oder sich nicht entblößen. Diskussionen über noch so interessante Themen können Abwehrmechanismen sein. Der Ratsuchende will seine Konflikte nicht ernsthaft bearbeiten.

g) Widerstand des Ratsuchenden kleidet sich in Befürchtungen.

Mit Befürchtungen unterläuft der Ratsuchende final seine Lebensstilkorrektur. Sie sind Bremsen, die eine Änderung des Lebens verhindern.

h) Widerstand des Ratsuchenden findet sich in seinen Lebenslügen.

- Lebenslügen sind verinnerlichte Glaubensüberzeugungen, die falsch sind, an die sich der Ratsuchende aber klammert.
- Es sind Vorurteile, die es ihm ermöglichen, sein altes Lebenskonzept beizubehalten, an die der Ratsuchende allerdings wirklich glaubt.

9. Hilfen für den Seelsorger im Umgang mit Widerstand

Wie kann der therapeutische Seelsorger mit Widerstand umgehen?

1. Der Widerstand des Ratsuchenden darf nicht frontal angegriffen werden. Geht der Seelsorger zu einem solchen »Frontalangriff« über, muß er damit rechnen, daß sich der Widerstand noch verstärkt. Der Seelsorger muß wissen: Widerstand ist ein Schutzmechanismus des Ratsuchenden. Wer ihn lieblos knacken will, verletzt den Betroffenen.

2. Der Seelsorger sollte nicht versuchen, den Ratsuchenden zu überreden! Überredung kann einen Teilerfolg bringen. Fühlt sich der Ratsuchende aber übervorteilt oder bevormundet, wird er seinen Widerstand u. U. verstärken. Nur was der Ratsuchende aus eigener Überzeugung tut oder läßt, hilft ihm spürbar weiter.

3. Es ist nicht angebracht, dem Ratsuchenden Angst und Widerstand auszureden. Er muß die Nachteile seines Schweigens, die Schattenseiten seines Widerstandes an sich erleben. Gott zwingt auch niemandem seinen Willen auf.

4. Für die Seelsorge ist es wichtig, die verborgenen Ziele des Widerstandes ans Licht zu heben.
Was will der Ratsuchende mit seinem Widerstand bezwecken? Was will der Ratsuchende seiner Umgebung sagen, wenn er »zu« macht?

5. Deutung des Widerstandes ist Deutung des Lebensstils. Der Seelsorger macht vorsichtige Deutungsangebote. »Kann es sein, daß Sie mit diesem Verhalten folgendes . . . ausdrücken wollen?« – »Ist es möglich, daß Ihnen eine Umwandlung Ihres Lebenskonzeptes zuviel Arbeit bedeutet?«

6. Die unbedingte Haltung der Gleichwertigkeit verhindert Widerstand. Alle Überlegenheitsgefühle, Besserwisserei und Machtkämpfe produzieren Widerstand. Der Seelsorger begegnet dem Ratsuchenden mit Geduld. Der Ratsuchende geht soweit, wie er gehen möchte. Diese »Erlaubnis« verringert den Widerstand.

7. Der Seelsorger erhebt den Widerstand zum Gesprächsthema. Widerstand darf nicht übersehen, übergangen und totgeschwiegen werden. Der Seelsorger sollte das Problem vorsichtig zur Sprache bringen: »Ich erlebe bei dem Thema X eine Barriere; kann das sein?«

8. Der Seelsorger spricht den Ratsuchenden in seiner Verantwortung vor Gott an. Unser Herr verlangt Rechenschaft. Nicht *wir* fordern Rechenschaft, sondern der *Herr*.

Kapitel 18

Therapeutische Seelsorge und die Arbeit mit den vier Fehlzielen

Die Arbeit mit den vier Fehlzielen erleichtert dem Seelsorger die Gesprächsführung. Nicht die *Ursachen* einer Fehlhaltung sind entscheidend, sondern die *Ziele*, die damit verfolgt werden. Ursachen gibt es unzählige, Motive und Ziele in der Regel nur wenige. Bedeutsam für die Seelsorge ist es deshalb, die im dunkeln liegenden Ziele, die sich hinter destruktiven Verhaltenseigenarten verstecken, ans Licht zu bringen.

Unser gesamtes Verhalten,
unsere problematischen Umgangsmuster,
unsere Vorurteile,
unsere fragwürdigen Lebensgrundüberzeugungen,
unsere Einstellung zu Gott, zum Nächsten und zu uns selbst,
kann in der Regel auf vier Fehlziele reduziert werden.

Die Kategorie der Fehlziele wurde von Rudolf Dreikurs, einem amerikanischen Arzt und Therapeuten, entwickelt. In der therapeutischen Seelsorge helfen sie,
- die unbewußten *Ziele*,
- die unverstandenen *Absichten,*
- die unklaren *Motive,*
- und die versteckten *Nutzeffekte* problematischen Verhaltens zu erkennen.

Was der Ratsuchende *erkannt* hat, das kann er auch ändern. Wer nicht durchschaut, was ihn in der Tiefe bewegt und treibt, wird es auch nicht ändern wollen. Weil unsere Verhaltensstrategien immer mit dem Denken, Glauben und den Überzeugungen korrespondieren, müssen wir in erster Linie unsere Denkmuster und unsere Gesinnung erneuern.

Paulus hat das deutlich formuliert (Eph. 4,22–24):
»Legt den alten Menschen ab, der sich von seinen selbstsüchtigen Wünschen verlocken läßt! Sie sind trügerisch und bringen ihm nur den Tod. Laßt eure Gesinnung vom Geist Gottes erneuern! Zieht den neuen Menschen an, den Gott nach seinem Bild geschaffen hat und der so lebt, wie Gott es haben will.«

1. Fehlziel: Entschuldigung für eigene Mängel

»Aber einer nach dem andern entschuldigte sich« (Luk. 14,18).
»›Hast du etwa von der verbotenen Frucht gegessen‹? Der Mann erwiderte: ›Die Frau, die du mir gegeben hast, reichte mir die Frucht, da habe ich gegessen‹« (1.Mose 3,11.12).
»Sie antwortete: ›Die Schlange ist schuld, sie hat mich dazu verführt!‹« (1.Mose 3,13).
»Aber der Gesetzeslehrer wollte sich verteidigen und fragte Jesus: ›Wer ist denn mein Mitmensch?‹« (Luk. 10, 29).
»Meine Waffe für Angriff und Verteidigung ist, daß ich tue, was vor Gott und Menschen recht ist« (2.Kor. 6,7).

Fragen zur Selbstprüfung
- Benutzen Sie Entschuldigungen, um sich herauszureden?
- Verschaffen Sie sich mit Ausreden ein Alibi?
- Schieben Sie Ihre Schuld auf andere – wie Adam und Eva?
- Schützen Sie sich mit einleuchtenden Rationalisierungen?
- Halten Sie sich für schwach, klein, arm, überfordert, hilflos und krank, um bestimmten Anforderungen auszuweichen?
- Benutzen Sie gern Wenn-nicht-Formulierungen, um Entschuldigungen, die glaubhaft klingen, anzubringen? »Wenn der Fön nicht gewesen wäre, hätte ich die schriftliche Arbeit gut geschafft.«
- Wenn Ihnen Aufgaben nicht gelingen, schieben Sie die Schuld auf andere, auf die Gemeinde, auf die Eltern, auf die Kinder, auf die Umstände, auf den Staat, auf das Wetter, auf die Umwelt?
- Erkennen Sie im Fehlziel Nr. 1 eine ungeistliche Haltung und

Einstellung, die dazu dient, Verantwortung abzulehnen und den Kopf nicht hinzuhalten?
- Wollen Sie nicht zur Rechenschaft gezogen werden?
- Gehört es zu Ihrem Leben, unbedingt mit einer reinen Weste dazustehen?
- Haben Sie es nötig, sich unangreifbar zu machen?
- Benutzen Sie diese Methoden, um Ihren Selbstwert zu erhöhen?
- Haben Sie Angst vor Selbstentblößung?
- Haben Sie Angst, daß Schwächen und Mängel ans Licht kommen?

2. Fehlziel: Erhöhte Aufmerksamkeit erringen

»Am nächsten Morgen verließ Jesus lange vor Sonnenaufgang die Stadt und zog sich an eine abgelegene Stelle zurück. Dort betete er. Simon und die anderen Jünger gingen ihm nach und fanden ihn. ›Alle wollen dich sehen‹, sagten sie. Jesus antwortete: ›Wir müssen in die umliegenden Dörfer gehen, damit ich auch dort die Gute Nachricht verkünde‹« (Mark. 1,35–38).
»Legt den alten Menschen ab, der sich mit seinen selbstsüchtigen Wünschen verlocken läßt« (Eph. 4,20).
»Verfolgt nicht eure eigenen Interessen, sondern seht auf das, was den anderen nützt« (Phil. 2,4).
»Nehmt euch in acht vor den Gesetzeslehrern! Sie zeigen sich gern in ihren Talaren und lassen sich auf der Straße respektvoll grüßen. Beim Gottesdienst sitzen sie in der ersten Reihe, und bei Festmählern nehmen sie die Ehrenplätze ein. Sie sprechen lange Gebete, um einen guten Eindruck zu machen.« (Luk. 20,46.47).

Fragen zur Selbstprüfung
- Legen Sie Wert darauf, gesehen zu werden? Jesus konnte darauf verzichten.
- Wieviel Selbstsucht spielt eine Rolle, wenn Sie predigen oder einen Vortrag halten?
- Wieviel unnötige Verantwortung übernehmen Sie für andere, um einen guten Eindruck zu machen?

- Ist Ihre Opferbereitschaft ein Liebesdienst im Namen Jesu oder eine Handlung, die auch mit egoistischen Zielen durchsetzt ist?
- Gehören besondere Leistungen dazu, um bemerkt und gesehen zu werden?
- Lassen Sie sich gern hofieren?
- Haben Sie es unbewußt nötig, aufzuschneiden und sich angeberisch zu betätigen?
- Machen Sie Ihren Partner eifersüchtig, um beachtet zu werden?
- Welche Verhaltensmuster benutzen Sie, um erhöhte Zuwendung und Aufmerksamkeit zu erlangen?
- Biedern Sie sich an, um besonders beachtet zu werden?
- Verstehen Sie es, kleine Krankheiten in Dienst zu stellen, um besondere Aufmerksamkeit auf sich zu ziehen?
- Legen Sie Wert auf Ehrenämter, die Ihr Image heben?

3. Fehlziel: Streben nach Überlegenheit, Macht und Geltung

»Laßt kein giftiges Wort über eure Lippen kommen. Seht lieber zu, daß ihr für die anderen in jeder Lage das richtige Wort habt« (Eph. 4,29).
»Schreit einander nicht an. Legt jede feindselige Gesinnung ab« (Eph. 4,31).
»Ich baue nicht auf das, was man sieht, sondern auf das, was jetzt noch keiner sehen kann« (2.Kor. 4,18).
»Ich arbeite nicht mit Kunstgriffen und verdrehe nicht das Wort Gottes... Ich verkündige nicht mich selbst, sondern Jesus Christus« (2.Kor. 4,2.5).
»Handelt nicht aus Selbstsucht oder Eitelkeit! Keiner soll sich über den anderen erheben!« (Phil. 2,3).
»Denn das Leben eines Menschen hängt nicht von seinem Besitz ab, auch wenn dieser noch so groß ist« (Luk. 12,15).

Fragen zur Selbstprüfung:
- Können Sie sich vorstellen, daß Sie mehr scheinen als sein müssen?

- Benötigen Sie Rechthaberei, um sich durchzusetzen?
- Sagen Partner, Kinder, Eltern oder Lehrer, daß Sie besserwisserisch sind?
- Versuchen Sie durch Nörgeln und Kritik, die Oberhand zu gewinnen?
- Kann es sein, daß Sie Krankheiten benutzen, um sich in Ehe, Familie und Beruf durchzusetzen?
- Stellen Sie Aggression und Jähzorn in Dienst, um Ihre Macht auszuspielen?
- Hat schon jemand von Ihnen behauptet, Sie seien arrogant? Können Sie das verstehen und nachvollziehen?
- Versuchen Sie durch Moralisieren, Macht und Geltung auszuspielen?
- Gehört es zu Ihrem Lebensstil, Menschen zu überführen?
- Benutzen Sie Ironie, um Ihre Macht auszuspielen?
- Sind Sie in Ehe, Familie und Beruf unersetzlich und melden damit unverstanden Ihren Machtanspruch an?
- Setzen Sie gern andere Menschen ins Unrecht?
- Verwenden Sie aggressives Schweigen, um Ihr Gegenüber zu beeindrucken?
- Üben Sie durch lückenlose Hilfsbereitschaft Herrschaft aus?
- Müssen Sie durch scharfe Logik Ihr Gegenüber entmachten?

4. Fehlziel: Streben nach Rache und Vergeltung

»Ihr wißt, daß es heißt: ›Auge um Auge, Zahn um Zahn.‹ Ich aber sage euch: Ihr sollt euch überhaupt nicht gegen das Böse wehren« (Matth. 5,38.39).

»Verschafft euch nicht selbst euer Recht, liebe Freunde, sondern überlaßt das dem Strafgericht Gottes. Denn es heißt: ›Ich, der Herr, habe mir die Vergeltung vorbehalten‹« (Römer 12,19).

»Räche dich nicht an deinem Mitmenschen und trage niemand etwas nach. Liebe deinen Mitmenschen wie dich selbst. Ich bin der Herr« (3.Mose 19,18).

»Wenn jemand etwas anderes lehrt und sich nicht an die heilsamen Worte unseres Herrn Jesus Christus hält, dann ist er eingebildet und unwissend. Er hat einen krankhaften Hang zum Grübeln und Wortgefechten. Daraus entstehen Neid und Streit, Beleidigungen, böse Verdächtigungen und fortwährend Zank« (1. Tim. 6,3–5).

Fragen zur Selbstprüfung

- Haben Sie in Selbstmordversuchen erkannt, daß Sie Ihrem Gegenüber etwas heimzahlen wollten?
- Ist starker Alkoholismus ein Racheproblem, um Ihr Gegenüber zu ärgern und zu quälen?
- Liegt es Ihnen am Herzen, sich versteckt an Angehörigen oder Fremden zu rächen?
- Haben Sie schon darüber nachgedacht, daß die sexuelle Verweigerung ein Racheakt sein kann?
- Benutzten Sie als Kind Drogen als Waffe und Rache, um den Eltern eins auszuwischen?
- Lassen Sie Kinder, Angehörige oder Mitarbeiter ins Messer laufen, um ihnen etwas heimzuzahlen?
- Wie oft reagieren Sie schadenfroh, wenn einem Mitmenschen etwas zustößt, das Sie ihm gönnen?
- Wünschen Sie irgendeinem Menschen Böses, und zwar in Gedanken, Worten und Werken?
- Kann es sein, daß Sie sich durch Krankheit an Ihrer Umgebung rächen?
- Verbünden Sie sich mit einem Kind gegen Ihren Partner, um sich zu verschwören?
- Sind Sie nachtragend und können schwer Kränkungen und Beleidigungen vergessen? Wollen Sie dem andern die Schuld behalten?

5. Einige Anregungen für die Arbeit mit den Fehlzielen

1. Die vier Fehlziele gehören im Menschlichen und Geistlichen zu Verhaltensmustern, die das Zusammenleben erschweren und gefährden können. Es handelt sich um Zielverfehlungen, die die Bibel klar als Sünde charakterisiert.

2. Die vier Fehlziele sind uns in der Regel nicht bewußt. Wir halten sie gern im dunklen, um nicht vor Gott zur Rechenschaft gezogen zu werden.

3. Die vier Fehlziele sind Lügen und Selbstbetrugsmanöver, die uns scheinbar geistlich rechtfertigen, und zwar vor uns selbst, vor den andern und vor Gott.

4. Die vier Fehlziele haben den Sinn, uns die Verantwortung, unangenehme Aufgaben, Verpflichtungen in der Gemeinschaft und Forderungen des Lebens mit einleuchtenden Argumenten vom Hals zu halten.

6. Die vier Fehlziele beinhalten Strategien, die wir schon früh in Kindheit und Elternhaus trainiert und ausprobiert haben. Jeder Mensch hat seine speziellen Abwehrtechniken entwickelt, um sein Leben zu meistern.

7. Die vier Fehlziele können schwere psychische und psychosomatische Beschwerden hervorrufen. Sie können Leib, Seele und Geist krank machen.

8. Die Fehlziele 3 und 4 sind Steigerungen. Die Verhaltensmuster werden immer unkooperativer, destruktiver und ungeistlicher. Mittel und Methoden sind zum Teil extrem böse.

9. Die vier Fehlziele können durch die Selbstprüfungsfragen bewußt gemacht werden. Es lohnt sich, den Fragebogen dem Ratsuchenden mit nach Hause zu geben, damit er in Ruhe und im Gebet sich befragt.

10. Die vier Fehlziele müssen durch Selbstprüfung, in Beichte und Gebet und im Spiegel des Wortes Gottes erkannt und bekannt werden, um Selbstwertstörungen, Selbstschädigungen und zwischenmenschliche Schwierigkeiten abzubauen.

Kapitel 19

Schuld und Schuldgefühle in der therapeutischen Seelsorge

Schuld ist ein zentraler Begriff der menschlichen Wirklichkeit. Sie ist ein Grundproblem der Menschheit überhaupt. Nicht nur in allen Religionen, sondern auch im Humanismus, im Säkularismus und im Atheismus haben die Kategorien von Anklage, Schuld, Schuldnachweis, Strafe und Rechtfertigung ihre Gültigkeit.
Der Psychotherapeut Medard Boss kann formulieren:
»Nicht Hunger und Liebe, sondern Angst und Schuld gelten mancherorts als das, was nach des Dichters altem Wort die Welt im Innersten zusammenhält.«[1]
Angst und Schuld sind zunächst normale Begleiterscheinungen des Menschseins. Jeder Mensch kennt Angst und erfährt Schuld. Menschen ohne Angst gibt es nicht. Und Menschen ohne Schuld und Schuldgefühle sind selten. Die Auffassung von Schuld ist überall verschieden. Es ist eine Frage der Auffassung, wer schuldig wird, vor wem, durch was er schuldig wird und wie die Schuld beglichen und gelöst werden kann. Bewältigte oder unbewältigte Schuld spielen im Einzelleben und in der gesellschaftlichen Beziehung eine wesentliche Rolle. Das Schuldproblem ist durch einige Wesenszüge gekennzeichnet.

1. Schuld vor Gott

Der alttestamentliche Standpunkt: Nach alttestamentlichem Verständnis ist Schuld der Bruch des Bundes, die Verletzung einer Verpflichtung gegenüber den Geboten Gottes, die am Sinai den Israeliten gegeben wurden. Wird durch Ungehorsam, durch Lästerung Gottes, Götzendienst und Lieblosigkeit das Bundesverhältnis gestört, sind Opferleistungen (Schuld- und Sühneopfer) notwendig, um durch Bußverpflichtungen das Verhältnis zwischen Gott und den Menschen wieder in Ordnung zu bringen. Darüber hinaus ist Schuld ein allgemeiner Mangel und meint gottloses Verhalten überhaupt. Im Laufe eines Jahres haben sich unzählige bewußte und unbewußte Verfehlungen ergeben, eine große Summe von Schuld ist entstanden, die dann am Versöhnungstage vom Hohen Priester dem Volke abgenommen und mit dem Sündenbock in die Wüste getrieben wird.

Der neutestamentliche Standpunkt: Jesus nimmt den Gedankengang des Alten Testamentes auf, hebt aber eine allgemeine Verschuldung Gott gegenüber hervor. Jesus zeigt, daß kein Mensch durch eigene Leistung mit dem lebendigen Gott ins reine kommen kann. Das bekannte Gleichnis von den 10 000 Talenten, die etwa einem Betrag von 600 Millionen DM entsprechen, verdeutlicht, daß kein Mensch eine solche Summe abbezahlen kann. Unsere Schuld reicht bis in den Himmel. Hier liegt der schärfste Gegensatz zum Pharisäismus. Schuldner Gottes sein, heißt Sünder sein. Die Bibel kennt eine Solidarität der Schuld vor Gott, die alle Menschen umschließt. Denn alle Welt ist schuldig vor Gott (2. Mose 34,7; Röm. 3,19).

Nur auf dem Wege des Schulderlasses, der Barmherzigkeit kann der Mensch vor seinem Gott bestehen. Erlassen der Schuld bedeutet Vergebung.

Wer zur uneingeschränkten Erkenntnis und Anerkennung seiner bestehenden Schuld kommt, kann in Jesus Christus die Vergebung erlangen. Er wird aus seiner hoffnungslosen Schuldverstrickung gerettet. Die Gemeinschaft mit dem lebendigen Gott ist wieder möglich. Durch den Tod Jesu Christi am Kreuz ist die Schuld der Menschheit abgetan. Der Schuldbrief ist zerrissen, die Schuldknechtschaft gebrochen, Befreiung, Vergebung und Erlösung sind vollständig. Diese neue Gemeinschaft mit Gott, diese neue Gemeinschaft mit den Menschen, ist nicht durch eigene Anstrengung, mit guten Werken und durch eigene Leistung zu haben, sie ist ein Geschenk. »Gott versöhnte in Christus die Welt mit sich selber« (2.Kor. 5,19). Die Neuschöpfung und der Neuanfang sind ein Wunder des Heiligen Geistes.

2. Der Unterschied zwischen Sünde und Schuld

Sünde bedeutet, abgeleitet vom Griechischen: Verirrung, Abirrung vom Wege oder Verfehlung des Zieles. Ein anderer griechischer Ausdruck meint: Krümmung, Beugung, Verkehrung. Der deutsche Ausdruck Sünde stammt von »sondern« und bedeutet: Sonderung, Sund, Trennung.

Immer geht es also um

- die Verfehlung des von Gott gesteckten Zieles,
- die Auflehnung gegen Gott,
- Zerstörung der menschlichen Gemeinschaft (Brudermord, Gewalt, Verbrechen, Unterdrückung),
- schuldhaften Ungehorsam,
- um das Seinwollen wie Gott,
- die Abwendung vom Vaterhaus Gottes (Gleichnis vom verlorenen Sohn),
- die Selbstherrlichkeit des Menschen,
- und um einen menschlichen Irrtum.

Sünde bringt den Tod mit sich. Damit ist die Sünde mehr als eine schlechte menschliche Verhaltensweise; sie ist das Wesen des Menschen vor Gott schlechthin. Sünde ist immer Schuld. Schuld kann man nur mit Unreinheit gleichsetzen. Es ist daher nahezu unbedeutend, ob es sich um willentliche oder irrtümliche, um bewußte oder unbewußte Schuld handelt. Selbst die menschliche Schwäche dient nicht der Entschuldigung. Sünde ist Frontstellung gegen Gott. Der Mensch hat seine Aufgabe als Geschöpf Gottes verfehlt. Und diese Verfehlung ist immer zugleich Schuld.

Die Sendung Jesu hat der Sünde das Rückgrat gebrochen. Durch Jesu Tod wird die Sünde vernichtet, weil Gott ihn, den Sündlosen, zur Sünde gemacht hat. Was Jesus am Kreuz erlitten hat, hat er für uns erlitten. In Jesus Christus sind Gnade und Vergebung zur Herrschaft gelangt. Der Tod ist besiegt. Jetzt hat die Sünde keine Macht mehr über den Menschen. Der Mensch in Jesus Christus ist der Sünde gestorben (Röm. 6,2).

Die Tiefenpsychologie benutzt das Wort Sünde kaum. Sie hält sich an das Wort Schuld. Die Tiefenpsychologie kann das Wort Sünde nicht bestreiten. Da aber alle tiefenpsychologischen Schulen und therapeutischen Methoden und Techniken weithin die Frage nach Gott oder einer religiösen Anlage des Menschen ausklammern, arbeiten sie mit dem Begriff Schuld, der noch einen psychologischen Tatbestand erhält. Sünde drückt prinzipiell einen spezifisch religiösen Aspekt aus.

3. Schuldgefühl und Gewissen

In Seelsorge und Beratung begegnen wir Menschen, die mit bedrückenden Schuld*gefühlen* zu uns kommen. Sie bauschen kleine Fehler und Vergehen auf und steigern sie zu fürchterlichen Sünden und tadeln sich wegen ihrer schweren Vergehen. Sie tragen eine betonte Zerknirschung zur Schau und legen sich zum Teil harte Strafen und Bußhandlungen auf. Solche Ratsuchenden mit *neurotischen* Schuldgefühlen haben in der Regel ein überempfindliches Gewissen. Schuld und Gewissen hängen also eng miteinander zusammen.

Wie entwickelt sich die Stimme des Gewissens?

Wer den Weg des Gewissens und damit die Entwicklung von Schuldgefühlen nachzeichnen will, muß den Weg des Menschen nachzeichnen – und zwar von der Wiege an. Die Erkenntnisse der Tiefenpsychologie haben uns gelehrt, daß sich das Gewissen des Kindes langsam entwickelt, und zwar im Umgang mit dem Nächsten, mit den Angehörigen und durch Erziehung. Die Gewissensbildung geschieht in der frühen Kindheit am nachhaltigsten. Sie beginnt mit der Geburt des Kindes und ist weitgehend am Ende der Pubertät abgeschlossen. Ein funktionierendes Gewissen, ein tadelloser Charakter oder ein schwaches Gewissen sind vielfach Folgen einer gelungenen oder gescheiterten Gewissens- und Gesinnungsbildung der ersten Lebensjahre. So wenig ein Kind sprechen würde, wenn nicht eine Anlage dazu als entwicklungsfähige Grundlage vorhanden wäre, so wenig würde durch unsere Erziehung etwas wie ein Gewissen sich bilden lassen, wenn nicht eine Grundlage im Kind schon angelegt wäre.

Damit es aber funktioniert, bedarf es der Entfaltung und bedarf es der Bildung. Eltern, Schule und Umwelt wirken auf das Gewissen

ein, prägen, gewöhnen, verwöhnen, hemmen, stärken und beeinflussen es. Das Gewissen kann nicht als *Instinkt* angesehen werden, der sich ohne Zutun von außen gleichsam nach einem inneren Entwicklungsgesetz ausformt.
Die Sozialwissenschaften haben jahrhundertealte Vorstellungen über das Gewissen revidiert. Früher sah man in ihm etwas Gegebenes, Feststehendes und relativ Unveränderliches. Man identifizierte es mit Gottes Stimme, die dem Menschen sagt, was gut und was böse ist. Heute wissen wir, daß das Gewissen sich verschieden entwickeln kann und abhängig ist von der jeweiligen Kultur, von jeweiligen Sitten, Normen und Gebräuchen. Da ist es bei einem Volk Brauch, die Greise zu töten. Es gehört zur Überlieferung der Väter, es ist Brauch und zugleich Gesetz. Niemand rebelliert und fühlt sich in seinem Gewissen verletzt.
Wieder anders war es bei den Kopfjägern von Taiwan, die bis zur Erreichung des heiratsfähigen Alters und zum Erweis ihrer Männlichkeit einen oder mehrere Skalpe »erjagt« haben mußten. Für keinen Krieger bedeuteten diese für unsere Begriffe »schändlichen Akte« unübersteigbare Gewissensbarrieren.
Ein letztes Beispiel soll die sozio-kulturelle Beeinflussung des Gewissens verdeutlichen. 1966 standen zwei Indianer in Berlin, wo der Weltkongreß für Evangelisation unter Leitung von Dr. Billy Graham tagte, auf dem Podium, und erklärten, daß sie zu den Mördern gehörten, die einige Jahre zuvor die Missionare, die zu den Aukas gekommen waren, ohne irgendwelche Gewissenskonflikte getötet hätten. Sie waren Christen geworden. Ihr Gewissen hatte sich gewandelt. Ihr Gewissen war erneuert und hatte einen völlig anderen Maßstab bekommen. Diese Beispiele machen deutlich, daß man auch bei einem Säugling von einem perfekten Gewissen, das ihm mit in die Wiege gelegt worden wäre, nicht sprechen kann. Er empfindet vielmehr überhaupt keine moralischen Regungen. Er ist im wahrsten Sinne des Wortes a-moralisch, ohne Moral.
Das Kleinkind hat, streng genommen, noch kein Gewissen. Der Säugling erfährt im Normalfall vom ersten Augenblick an Liebe, Wärme, Geborgenheit usw. Er erfährt die Mutter als Quelle der Zärtlichkeit. Im zweiten Jahr lernt er, bestimmte Aufgaben zu

erfüllen. Es setzt die Anleitung zur Reinlichkeit ein. Schon im dritten Lebensjahr fügt sich das Kind bestimmten Verboten und ist gehorsam, macht ins Töpfchen, selbst wenn die Mutter, die im allgemeinen diesen Befehl gegeben hat, nicht anwesend ist. Das Kind erlangt eine gewisse Selbständigkeit. Es weiß, was es tut, aber man kann noch nicht von sittlichem Wollen sprechen. Das Kind verhält sich so, weil es muß. Es gehorcht, weil ihm eine Autorität gegenübersteht. Die Stimme des Gewissens ist zunächst nichts anderes als die Stimme von Vater, Mutter, Onkel oder Lehrer. Das Verbot der Eltern wirkt als Gewissensstimme nach. Später identifiziert sich der Heranwachsende so stark mit den Gewissensforderungen, welche ursprünglich von den Autoritätspersonen an ihn gestellt wurden, daß die Stimme mehr und mehr den Ton einer überpersönlichen Macht annimmt und wird von der eigenen zur Gottesstimme.

4. Das christliche Gewissen

Was aber liefert nun dem Gewissen die Maßstäbe? Auf welcher Grundlage regt es sich? Kann es unsicher werden? Ist es vorstellbar, daß es hilflos vor der Entscheidung steht, daß es sich aus Schwäche anpaßt, dem Konformismus erliegt?

Von daher leuchtet es ein, daß die Formel: »Ich bin nur meinem Gewissen verantwortlich« alles und nichts bedeuten kann. Wenn das kleine Kind so spricht, so meint es, daß es seinen Eltern verantwortlich ist. Wenn der bewußte Christ so spricht, meint er, er sei Jesus Christus verantwortlich. Und wenn der Kommunist die Formel anwendet, meint er doch, daß er seiner Partei verantwortlich ist. Die Frage nach dem Gewissen ist eine Frage nach dem Herrn, nach dem Auftraggeber. Denn jeder hat ein Gewissen, aber bei jedem ist gleichsam die Zentrale anders besetzt. Es gibt daher zwar ein christliches, kapitalistisches, kommunistisches, verkrüppeltes oder labiles Gewissen, aber es gibt kein leeres, kein neutrales Gewissen ohne diesen oder jenen Bezug. Das Gewissen braucht einen Herrn. Welchen Herrn hat unser Gewissen?

Im Neuen Testament ist Gewissen Ausdruck des bewußten Lebens, eng zusammengehörig mit dem Herzen, der Wurzel unseres Lebens. Das Alte Testament betont, daß das Herz und nicht das Gewissen die Verbindung zur menschlichen Verantwortung herstellt. Das Wort Gewissen kommt in der Lutherübersetzung des Alten Testaments nur zweimal vor. Die Sache, um die es geht, ist aber in der hebräischen Sprache mit »Herz« klar umrissen. Wenn es im 1. Samuel-Buch von David heißt, daß sein »Herz« schlug, steht hier bei anderen Übersetzern »Gewissen«. Hier also regen sich Schuldgefühle. Das Herz ist das entscheidende personale Zentrum des Menschen, das auf die Forderungen Gottes antwortet. Und die Stellung des Herzens entscheidet über die Stellung zu Gott und den Menschen. So spricht auch Petrus davon, daß er vom Heiligen Geist sowohl im Herzen als auch im Gewissen getroffen wird. Herz und Gewissen sind letztlich Synonyme.
Dietrich Bonhoeffer war der Meinung, daß das Handeln wider das Gewissen selbstmörderisches Handeln gegen sich selbst sei. Zunächst geht er davon aus, daß der Christ sich an Jesus Christus gebunden weiß. »Jesus Christus ist mein Gewissen geworden ... nicht ein Gesetz, sondern der lebendige Gott und der lebendige Mensch, wie er uns in Jesus Christus begegnet, ist Ursprung und Ziel meines Gewissens.«[2] Jesus Christus wird zum Befreier des Gewissens, das sich Gott und den Menschen zur Verfügung stellt.

5. Das überempfindliche Gewissen – neurotische Schuldgefühle

In der Analyse und der Therapie wird die Entwicklungsgeschichte eines Menschen – wie wir gehört haben – bis in die frühe Kindheit zurückverfolgt. Das Verhalten der Umwelt, die Auseinandersetzung des Kindes mit der Umwelt und der Vererbung spielen eine große Rolle. Was zieht das Kind für Schlüsse aus den biologischen Gegebenheiten und der Umwelt? Wie verarbeitet das Kind die Einflüsse von Familie und Umgebung, und wie benutzt es alle ihm zur Verfügung stehenden Kräfte? Das Kind verwendet eine außerordentliche schöpferische Aktivität darauf, seine Eingliederung in die Gruppe zu versuchen, seine Entscheidungen zu treffen, seine spezielle Rolle zu finden, seinen bestimmten Einfluß auf die Umgebung auszuüben und seine unbewußten und bewußten Ziele durchzusetzen. Aus den Interaktionen und Wechselbeziehungen mit Eltern, Geschwistern, Großeltern und Pflegepersonen entwickelt sich der individuelle Charakter des Kindes. Auf diesem Hintergrunde entwickelt sich ein individuelles Gewissen, das Schuld und Schuldgefühle ebenfalls individuell widerspiegelt. Die persönliche Entwicklungsgeschichte färbt das Schuldgefühl in jeweils persönlicher Weise.

Ein scharfes und waches Gewissen ist gut, ein *über*scharfes und *über*waches Gewissen ist krankhaft. Der Neurotiker läuft mit einem solchen *über*sensiblen Gewissen herum. Jede nur erdenkliche Kleinigkeit wird der Kritik des Gewissens unterworfen. Fehler oder Geschehnisse, die nichts mit Sünde zu tun haben, werden zu Sünden gestempelt. Unterlassungen werden mit harten Selbstvorwürfen beantwortet. Die Reue grenzt an Selbstzermarterung.

Was ist der unbewußte Sinn dieses Verhaltens?

Da ist ein Ratsuchender, der wie mit einem Mikroskop die kleinsten Sünden und Schuldpartikelchen unter die Lupe nimmt. Kann es nicht sein, daß er die besondere Strenge gegen sich selbst benutzt, um sich über andere Menschen zu erheben? Steht er nicht durch seine Übergenauigkeit und Gewissenhaftigkeit *über* den anderen? In dieser Weise neurotische Menschen sehen sich selbst in der konsequenten Nachfolge – die sie bei anderen vermissen. Je strenger sie gegen sich selbst sind, desto mehr werden sie andere verurteilen. Je sauberer sie sind, desto kritischer verfahren sie mit anderen. Die demütige Selbsterkenntnis ist eine Methode, um gegenüber dem Mitmenschen moralische Pluspunkte zu sammeln. Der Seelsorger, der hier Pharisäismus wittert, muß sich besonders zurückhalten, seinem Gegenüber den Spiegel entblößend vorzuhalten. Er wird den Ratsuchenden verletzen, ihm aber nicht helfen können.

Beim Zwangsneurotiker wird das besonders deutlich. Da ist ein zwanzigjähriger junger Mann, der unter Zwangs-Gedanken in Form von heftigen Gewissensbissen und erdrückenden Schuldge-

fühlen leidet. Er hat eine tiefgläubige, sehr strenge Mutter, die ihn sorgfältig erzogen hat. Mit sechs Jahren hat sie ihn erwischt, wie er aus dem Kindergarten ein Spielauto mit nach Hause gebracht hat. Die Mutter schlägt ihn nicht, aber weint vor dem Kind hemmungslos über den Diebstahl des Jungen. Einige Tage lang bekommt er keinen Gute-Nacht-Kuß von der Mutter, die ihm die Verwerflichkeit seines Tuns vor Augen halten will. Der Junge hat die Trauer der Mutter über sein gewissenloses Tun nicht vergessen und erinnert sich in allen Einzelheiten an dieses Geschehen.
Nach der Konfirmation stellen sich mehr und mehr Schuldgefühle ein, die einen beängstigenden Charakter annehmen. Er hat einem alten Mann aus Versehen einen falschen Weg gezeigt, er kann nachts nicht schlafen wegen dieser Gemeinheit und Sünde. Er ist einen Tag zu spät in die Schule gekommen, er entschuldigt sich dreimal beim Klassenlehrer, daß es ihm leid täte, und er würde es nicht wieder tun. Die Unterrichtsstunde hindurch sitzt er zerknirscht vor dem Pult und denkt über seine Schuld nach. Beim Kaufmann wollte er ein Brot versehentlich mit einer ausländischen Geldmünze bezahlen, und der Verkäufer hat sie ihm ärgerlich über den Tresen zurückgeschoben. Er hat dem Kaufmann einen ausführlichen Entschuldigungsbrief geschrieben, den Eltern, dem Lehrer und dem Pfarrer die Schandtat *gebeichtet* und ist einen Tag in der Familie über sich tief unglücklich. Er kann eine Fülle solcher und ähnlicher Erlebnisse berichten, die sein übersensibles Gewissen verraten.
Was bezweckt der junge Mann mit seinen übertriebenen Gewissensbissen und seinen neurotischen Schuldgefühlen? Der Sohn will noch gewissenhafter als seine fromme Mutter sein. Er macht sich Vorwürfe an Stellen, wo andere gar nicht auf den Gedanken kommen, es könne sich um Sünde und Schuld handeln. Er ist selbstkritischer als die meisten Menschen und noch ›frommer‹ in seiner überspitzten Gesinnung als seine Mutter. Seine ständigen Selbstvorwürfe, die er auch in der Familie und darüber hinaus mitteilt, geben ihm eine Sonderrolle und verschaffen ihm eine besondere Achtung und Beachtung.
Jedes Schuldgefühl, mag es noch so unsinnig und überflüssig erscheinen, beruht auf dem Vorhandensein einer Schuld. Jene

Menschen, die nach den Begriffen der Umwelt völlig schuldlos sind, jedoch unter starken Schuldgefühlen leiden, erscheinen dem psychologischen Laien besonders unverständlich. Um welche Kranken handelt es sich?

Um die Depressiven, die Zwangsneurotiker und Skrupulanten. In der Depression überhäuft sich der Kranke mit Selbstvorwürfen, er hält sich für schuldig am Unglück seiner Familie, am wirtschaftlichen Ruin, am moralischen Versagen seiner Angehörigen. Er ist schuld an Naturkatastrophen, er ist schuld an politischen Umwandlungen. Jedenfalls *glaubt* er es zu sein.

Da sind die Skrupulanten.

Skrupulus heißt Steinchen. Aus einem winzigen Steinchen wird in der Vorstellung des Skrupulanten ein Felsbrocken. Er macht aus einer Mücke einen Elefanten. Er bauscht auf und sieht hinter jedem Busch einen Räuber. Der Skrupulant ist ein überängstlicher Mensch, der besonders sein moralisch-sittliches Leben peinlichst überwacht. Überall wittert er kleine und große Sünden und kann dem Seelsorger mit seinem Zweifel das Leben zur Hölle machen. Immer hat er das Gefühl, »gewogen und zu leicht befunden« zu werden. Für ihn ist der lebendige Gott kein liebender Erlöser, sondern ein rechnender Buchhalter. Sein Leben liegt nicht in den Händen eines gütigen und barmherzigen Vaters, sondern in eiskalten Richterhänden. Und damit treffen wir die eigentliche Schuld des Skrupulanten. Er gibt sich der trügerischen Hoffnung hin, mit rigoroser Befolgung von Gesetzesvorschriften seine Rettung vorantreiben zu können. Oft berichtet er nur verschwommen seine Sünden. Er fühlt sich unglücklich. Er beichtet nicht so sehr, um Vergebung zu erlangen, als in der magischen Hoffnung, damit drohende Gefahren abzuwehren. Im Grunde glaubt er nicht an die Vergebung, da er immer wieder auf die gleichen Sünden zu sprechen kommt. Schon einige Male hat er dafür Absolution erhalten. Mit seiner Gesetzlichkeit und Übergenauigkeit, mit seinen Selbstanklagen und seiner Pedanterie will er sich selbst erlösen.

Wir können ihm die Schuld nicht einfach ausreden. Wir können ihm nicht seine Schuldlosigkeit bescheinigen. Aber wir können ihm liebevoll einen Weg dazu zeigen, daß er sich auf Christus allein verläßt und nicht auf seine überspitzte Gesetzlichkeit.

6. Lebensangst und Schuldgefühle

Wahrscheinlich beginnt unser Erdendasein mit Angst. Da liegt das kleine Menschlein wohlgeborgen und versorgt, gleichmäßig warm und gepolstert in der Fruchtblase. Plötzlich ändert sich alles. Die Geborgenheit ist zu Ende. Oft stundenlang wird das kleine Wesen der unvorhergesehenen Bedrohung durch die Geburt ausgesetzt. Wenn der Säugling vor Angst aufschreit, ist er geboren. Das Leben beginnt mit einem Schrei und einem Schreck. Und die ängstigenden Erlebnisse setzen sich fort. Die ganze Welt muß als angsteinflößend betrachtet werden. Nur die Mutter ist der bergende Hort, der ruhende Pol, der einzige Halt.

Angst kann sich in Haßangst, umklammernder Lebensangst, Verfolgungsangst und Verlustangst äußern. Diese Angstvorstellungen sind miteinander verquickt.

Der Säugling klammert sich an die Mutter. Sigmund Freud sah in aller Angst Trennungsangst, das geliebte Wesen, die Mutter, den Gegenstand der Lust, zu verlieren. Daraus werden alle Kinderängste, Dunkelangst, Angst vor dem Alleinsein und nicht zuletzt die Todesangst abgeleitet.

Wie entwickelt sich Lebensangst?

Ein Faktor, der zur Entwicklung von Lebensangst beiträgt, liegt darin, daß ein Mensch von Kind an Lebensaufgaben ausweicht und sie anderen überläßt. Durch Versuch und Irrtum entdeckt das Kind, daß Vater und Mutter alles erledigen, für das Kind alles tun, was es will. Die Unfähigkeit wird Mittel zum Zweck. Der Mensch *benutzt* seine Angst dazu, vor Aufgaben, Wegen, Freundschaften und Bindungen, vor Menschen und der Verantwortung auszuweichen. Unbewußt drückt er sich. Er *flieht* in die Unfähigkeit, er flieht in die Angst. Damit steht die Lebensangst immer in Zusammenhang mit der persönlichen Zielsetzung.

Da sucht eine 24jährige Frau die Beratung auf. Ihr Hauptproblem formuliert sie so:

»Seit einem Jahr bin ich mit einem jungen Mann befreundet, der mich heiraten will. Er hat schon etliche Male über unsere Verlobung gesprochen, aber ich kann meiner Mutter und meinen Eltern das nicht antun.«

Ich: »Sie nannten zunächst Ihre Mutter, der Sie das nicht antun können. Hat das eine besondere Bewandtnis?«
Sie: »Mein Bruder ist schon seit fünf Jahren aus dem Haus, und sie verläßt sich ganz auf mich. Manchmal habe ich den Eindruck, sie kann ohne mich nicht leben.«
Ich: »Und wie empfinden Sie diese Liebe Ihrer Mutter zu Ihnen?«
Sie: »Ich habe ein wunderbares Verhältnis zur Mutter. Wir sind ein Herz und eine Seele. Das findet man bestimmt selten. Wir machen alles gemeinsam. Fast möchte ich sagen: Wir sind Freundinnen. Und wenn ich sie jetzt verlassen sollte, in ein oder zwei Jahren würde das bestimmt auf mich zukommen, hätte ich schreckliche Schuldgefühle.«
Ich: »Sie haben schreckliche Schuldgefühle. Und die Mutter?«
Sie: »Mutter hat schon oft geweint, wenn ich den Peter, meinen Freund, mitbringe. Sie ist dann ganz niedergeschlagen, und einige Tage bekomme ich kein richtiges Verhältnis zu ihr.«
Ich: »Wirft sie Ihnen die Freundschaft zu dem jungen Mann vor, oder wie wirkt sich das schlechte Verhältnis an solchen Tagen zur Mutter aus?«
Sie: »Sie läßt mich links liegen, hat öfter Herzbeschwerden und ißt abends kaum etwas. Ich wollte schon einige Male die Beziehung zu dem jungen Mann abbrechen. Aber ich schaffe es nicht. Ich schwanke dauernd zwischen beiden hin und her, habe ein schlechtes Gewissen und ständig Schuldgefühle, beiden weh zu tun.«
Was ergeben die geführten Gespräche?
Die Mutter ist ein ängstlicher Mensch, der die Tochter übervorsichtig erzogen und mit ständiger Fürsorge und Betreuung verfolgt hat. Die Tochter ist unselbständig und lebensängstlich geworden. Sie hat sich nichts zugetraut und überall die Mutter mit hingeschleppt. Entscheidungsunfähig und lebensängstlich schwankt sie jetzt zwischen Mutter und Freund hin und her. Die Tochter hat das unabweisbare Gefühl, die Liebe der Mutter mit Füßen zu treten, das vierte Gebot zu mißachten und eine alt werdende Mutter schnöde im Stich zu lassen. Sie merkt nicht, daß die Mutter unbewußt mit Erpressung die Tochter ans Elternhaus zu binden versucht und mit Krankheitssymptomen dem falsch verstandenen Muttergefühl Ausdruck verleiht. Die Folge sind *neurotische Schuldgefühle* bei der

Tochter, die mit echter Schuld – etwa im Sinne des 4. Gebotes – kaum etwas gemeinsam haben. Die seelische Nabelschnur zur Mutter ist nicht abgetrennt, die Tochter ist in neurotischer Weise auf die Mutter fixiert. Einige Gespräche mit den Eltern brachten jahrelange Spannungen zwischen den Ehegatten zum Ausdruck. Die Mutter zitterte vor dem Alleinsein und der Zukunft mit dem ungeliebten Ehemann. Dem Vater der Tochter ist es zu danken, der erstaunlicherweise Verständnis zeigte und sich in rührender Liebe seiner Frau zuwandte und ihr half, die Trennung der Tochter vom Elternhaus ohne Konflikte und seelische Störungen zu fördern, daß heute Tochter und damaliger Freund verheiratet sind und die falschen Schuldgefühle ausgeräumt werden konnten.
Ängstliche Kinder werden leicht ängstliche Erwachsene. Im Hintergrund stehen ängstliche Eltern, die jeden Schritt überwachen, das Kind überallhin begleiten, es warnen und überstark vor drohenden Gefahren beschützen wollen. Es kommt zu falschen Bindungen zwischen Kind und Eltern. Die Lebensangst der Eltern wird von den Kindern übernommen. Das Kind fürchtet die Zukunft, den Beruf, die Ehe, die Öffentlichkeit und wird von ständigen Gewissensängsten und Schuldgefühlen heimgesucht. Der heranwachsende Mensch benutzt die Lebensangst, um sich vor allen Verpflichtungen, vor Aufgaben und vor der Verantwortung zu drücken. Zur Lebensangst gehört Entmutigung. Entmutigt ist aber jeder Mensch, der nicht gelernt hat, selbständig und verantwortlich Lebensaufgaben von klein auf zu erledigen.

7. Depression und Schuldgefühle

Die Depression steht ebenfalls im Dienste der persönlichen Zielsetzung. Selbst wenn man die Depression als *endogene* Erkrankung versteht, wird die Depression im Sinne des persönlichen Lebensstiles eingebaut. Das endogene Moment ist nur für die Symptomwahl entscheidend. Die Depression erscheint im *passiven* Gewand, ist aber ein *aktives* Mittel zur Durchsetzung der eigenen Person. Sie ist zwar ein untaugliches Mittel und wird vom Betroffenen verwünscht, und doch kann er sie im Leben gut gebrauchen. Er steht mit ihr im Mittelpunkt. Alles dreht sich um ihn.

Eine 40jährige Frau sucht die Beratung auf wegen depressiver Störungen und »schrecklicher Schuldgefühle«, wie sie sich ausdrückt. Sie ist das jüngste Kind und einziges Mädchen unter drei weiteren Brüdern. Schon als Kleinkind versuchte sie als einziges Mädchen, die Aufmerksamkeit auf sich zu ziehen. Der jüngste Bruder ist fünf Jahre älter. Eltern und Geschwister waren bei der Geburt von der Ankunft des Mädchens begeistert. Erwartungsvoll stehen sie vor dem Körbchen und frohlocken über die schönen blauen Augen, die süßen blonden Locken und das herzige Verhalten. Das Kind erfaßt unbewußt seine Lage und verhält sich entsprechend. Geschwister und Eltern erwarten ein reizendes und charmantes Wesen, lassen es – von vielen Augenpaaren beobachtet – im Bettchen herumspringen oder auf dem Tisch herumtanzen und provozieren das Kind zu einem Prima-Ballerina-Verhalten.
Die Tochter erzieht die Brüder zu Kavalieren und versteht es, mit Hilfe eines perfektionierten Charmes sich alle Welt geneigt zu machen. Von Kind auf hat sie gelernt, im Mittelpunkt zu stehen, alle Blicke auf sich zu ziehen und Anerkennung einzuheimsen. Ihr Charme, gepaart mit einer übergroßen Höflichkeit und Liebenswürdigkeit, ist der seelische Kunstgriff, mit dem sie sich Geltung verschafft. Der Vater hat die einzige Tochter verwöhnt und zum Lieblingskind erkoren. Die Mutter hat aus Trotz gegen den Vater, aus Eifersucht und sogenannter pädagogischer Verantwortung die Tochter unterdrückt und dominiert. Der Vater war die meiste Zeit nicht da, und die Mutter hatte einen »Sündenbock«, um Ressentiments gegen den Ehepartner, unterdrückte Aggressionen und versteckte Haßgefühle an der Tochter abzureagieren. Die Unterdrückung des Mädchens ist allmählich in offenen Haß umgeschlagen.
Als gläubige Frau leidet nun die Tochter unter entsetzlichen Schuldgefühlen und kommt mit dem Kopf und vielen guten Vorsätzen nicht gegen ihre Gefühle an. Mit Charme und Liebenswürdigkeit ist sie überall erfolgreich, nur bei der eigenen Mutter nicht. Sehr früh schon hatte die Mutter dieses Arrangement durchschaut und als ungeistliches Verhalten angeprangert. Dieser Vorwurf, der zweifellos eine gewisse Berechtigung hat, wird aber von der Mutter geradezu sadistisch ausgekostet. Es gelingt ihr, die

Schuldgefühle der Tochter ins Unermeßliche zu steigern, zumal sie als unchristlich gebrandmarkt sind. Die Mutter erkennt im Verhalten der Tochter ihren eigenen Mann wieder, der es ein Leben lang verstanden hatte, mit umwerfendem Charme, Liebenswürdigkeit und übergroßer Höflichkeit sich jung und alt, Vorgesetzte und Untergebene geneigt zu machen. Diesen Mann haßte sie aus vielen Gründen. Die Haßgefühle überträgt sie auf die Tochter und ruft folglich bei ihr die neurotischen Schuldgefühle hervor. Jeder Besuch bei der Mutter ist eine Qual. Die Tochter reagiert mit Depressionen und schweren Selbstvorwürfen. Wie die Depressionen eine Flucht davor sind, sich der intensiven Betreuung und Pflege der Mutter zu entziehen – und zwar auf einleuchtende und entschuldbare Weise –, so dienen die Schuldgefühle dazu, das schlechte Gewissen zu beruhigen. Daher sind Schuldgefühle oft Selbsttäuschungen und drücken die gute Absicht des Menschen aus, die er nicht hat.

In diesem Fall hatten die Gespräche auf der einen Seite die Depression zum Thema, die wesentlich nur in Verbindung mit der Mutter auftrat, zum anderen die *neurotischen* Schuldgefühle und die *echte* Schuld. Die neurotischen Schuldgefühle sind das Ergebnis einer gestörten Mutter-Kind-Beziehung. Die Übertragung unverarbeiteter Haßgefühle der Mutter auf die Tochter hat das Kind von klein an negativ verarbeitet. Echte Schuld besteht bei der Tochter darin, der Mutter mit aggressiver Ablehnung begegnet zu sein, sie hier und da lieblos und respektlos behandelt, sie bei Krankheit vernachlässigt und vor Verwandten und Bekannten wiederholt schlecht gemacht zu haben. Die Vergebung der *echten* Schuld ist Sache des beratenden Seelsorgers. Die Ratsuchende erkennt die falschen Relationen der produzierten Schuldgefühle, wird ruhiger und begegnet selbstbewußter und selbstsicherer der kranken Mutter. Die Depressionen treten seltener auf, wenn sie ihre Mutter besuchen will. Sie kann häufiger die Kranke betreuen, lebt mit sich und ihren eigenen Familienmitgliedern harmonischer und reagiert gegenüber anderen Lebensaufgaben nicht mehr neurotisch.

8. Schuldgefühle sind die guten Absichten, die wir nicht haben

Alfred Adler hat den Satz formuliert: »Schuldgefühle sind die guten Absichten, die wir nicht haben.« Wie kam er darauf? Viele Menschen sind nicht geneigt, Schuld einzugestehen. Viele *können* sie nicht eingestehen und einsehen. Schlechte Absichten und Ziele zu haben, ist verpönt. Der Mensch will gut erscheinen, auch wenn er selbst nicht gut ist.

Das Kind übernimmt die Forderungen der Eltern, die Gesetze der Gesellschaft und die Spielregeln der menschlichen Gemeinschaft. Aber oft laufen seine persönlichen Wünsche diesen Forderungen zuwider. Oft verfolgt der Mensch andere Ziele und läuft gegen Gesetze, Forderungen und Spielregeln Sturm. Das Gewissen rebelliert. Der Mensch gerät in Widerspruch. Die feindlichen Impulse liegen auf der Lauer, die Sünde wartet vor der Tür, nur äußerlich täuscht der Mensch guten Willen, Anständigkeit und gute Absichten vor. Der Mensch scheint gespalten. Gutes und böses Ich stehen sich gegenüber.

Wie löst der Mensch diesen Konflikt?

Er rationalisiert. Er redet sich heraus. Der Mensch gebraucht Ausreden, um sich selbst, Gott und den Nächsten zu beruhigen.

»Die Steuerhinterziehung kann ich nicht als Sünde ansehen, wenn ich mir überlege, was der Staat mit den Steuern macht. Wie er Millionen in die Luft schießt, Kampfflugzeuge baut und abstürzen läßt, das sind vergeudete Millionen. Da soll ich bei meinen lächerlichen Beträgen Schuldgefühle empfinden?«

Er versucht sich zu rechtfertigen, seinen Fall zu entschuldigen.

Es gibt aber auch eine andere Konfliktlösung. Sie ist verbreiteter, als wir glauben. Der Mensch *produziert* erhebliche Schuldgefühle. Er *benutzt* sie, um sein schlechtes Gewissen, den ewigen Mahner, zu beruhigen. Schuldgefühle machen einen guten Eindruck. Mit reuigen Tätern ist man überall – nicht nur im christlichen Bereich – schnell versöhnt. Sie tun uns leid. Sie gewinnen. Ja, sie wecken Sympathien. Schuldgefühle, wenn sie entsprechend vorgetragen werden, verfehlen nicht ihre Wirkung. Sie verraten eine gewisse Anständigkeit. Mit Schuldgefühlen kann man einen moralischen

Profit ergattern. Um sich beliebt zu machen, kann man mit seiner Sünde kokettieren. Unbewußt selbstverständlich. Man macht sich klein, um heraufgeholt zu werden. Man zeigt sich willig, klagt sich an und gibt den Anschein eines echten Neuanfangs. Im Grunde ist aber ein erstaunlicher Selbstbetrug im Spiel. Man hat gute Absichten zu erkennen gegeben, hat den harten Forderungen des Gewissens eine Referenz erwiesen – und es bleibt alles beim alten.
Die dramatischen Schuldgefühl-Inszenierungen dienten der Gewissensberuhigung.
Der Gegensatz zwischen Wollen und Sollen, zwischen Können und Dürfen ist ein Selbstbetrug. Die Schuldgefühle dienen dazu, den guten Willen zu beweisen, und doch alles beim alten zu belassen. Die Verantwortung wird abgelehnt, einer klaren Entscheidung wird ausgewichen, die alten zweifelhaften Ziele sind nicht aufgegeben worden. Die sogenannte *Ambivalenz* oder Doppelwertigkeit hat sich als Selbstbetrug entlarvt. Der Mensch tut das, wozu er sich entschieden hat. Und wenn er sich zwischen zwei Zielen entscheiden muß? Ob nicht die Schale sich doch etwas mehr zu der einen oder der anderen Seite neigt?
Wer Gewissensbisse verspürt, sollte seine *wahren Absichten* unter die Lupe nehmen. Wir haben kein Recht, dem Ratsuchenden die Maske vom Gesicht zu reißen, ihn brutal auf die Möglichkeiten solchen Selbstbetrugs hinzuweisen. Das könnte Pharisäismus und Selbstgerechtigkeit sein. Aber wir können im Laufe der Gespräche im Rahmen einer tragfähigen Beziehung *fragend* diese Zusammenhänge ansprechen.

9. Wer reagiert mit starken Schuldgefühlen?

a) Menschen, die Minderwertigkeitskomplexe haben
– Sie *glauben*, nicht liebenswert, nicht attraktiv, nicht ausreichend auf vielen Gebieten zu sein.
– Sie *verhalten* sich klein, entmutigt, ängstlich und zu kurz gekommen.
– Sie *produzieren* Schuldgefühle und das Gefühl, Nieten, Versager und Sünder zu sein.

b) Menschen, die überempfindlich sind

- Überempfindliche Menschen sind tief Verwundete. Sie haben ein unstillbares Verlangen nach Zuwendung und Anerkennung.
- Überempfindliche sind egoistisch. Andere sollen sich um sie drehen.
- Sie verstehen es meisterhaft, anderen Schuldgefühle zu machen.
- Sie sind hellhörig dafür, was andere ihnen schuldig geblieben sind.

c) Menschen mit irrigen Überzeugungen

- Es sind Christen mit »Mißglauben« (M. Luther), mit falschen Überzeugungen.
- Wie lauten solche irrigen Überzeugungen?
  »Ich bin ein Dummkopf!«
  »Ich bin ein totaler Versager!«
  »Ich bin vollkommen unbegabt.«
- Es handelt sich um Selbstbeschuldigungen, die »aus der Quelle der dämonischen Lügenwelt stammen.«[3]

d) Menschen mit Selbsthaß

- Sie glauben, nichts wert zu sein. Sie erniedrigen sich, sie haben eine »Fußmattenmentalität«.
- Aus falschen Schuldgefühlen, aus dem Bewußtsein, nur »Fußmatte« oder »Aschenputtel« zu sein, entsteht nicht selten eine Selbstmordabsicht.
- Durch Selbsthaß und Selbsterniedrigung kränken sie den Herrn, der sie liebt. »Mit seinem Leib sind nicht nur Verdammnis und Schuld, sondern auch Verzweiflung, Selbsterniedrigung, Schande und Selbsthaß ans Kreuz geschlagen worden.«[4]

10. Übertriebene und krankhafte Schuldgefühle

Welche Menschen weisen krankhaft übertriebene Schuldgefühle auf?

a) Die Übergewissenhaften

- Gewissenhaftigkeit ist gut, Übergewissenhaftigkeit ist krankhaft.

- Worin kann sich Übergewissenhaftigkeit äußern?
- Wie sehen die krankhaften Symptome aus?

b) Die Übermoralischen
- Was kennzeichnet die Übermoralischen?
- Worin besteht die Belastung der Übermoralischen?
- Was können sie mit ihren Symptomen bezwecken wollen?

c) Die Skrupulanten
- Sie machen aus Mücken Elefanten, aus Steinchen Felsbrocken.
- Was wollen sie mit diesen Verhaltensmustern bezwecken?
- Was haben Skrupel mit Schuldgefühlen zu tun?

d) Die Perfektionisten
- Sie bekommen Schuldgefühle, wenn sie ihre Ehe, ihre Erziehung, ihren Glauben, ihre Arbeit und viele Kleinigkeiten nicht perfektionistisch regeln und gestalten können.
- Was wollen die Perfektionisten erreichen?

e) Die Zweifler
- Sie wollen keinen Fehler machen, fürchten sich vor Entscheidungen und treten auf der Stelle.
- Was wollen Zweifler mit ihren unangebrachten Schuldgefühlen der Umgebung signalisieren?

f) Die Befürchter und Angstneurotiker
- Die Befürchter sehen überall Gefahren, denn Angst verstärkt die Schuldgefühle.
- Wie ist der Zusammenhang zwischen Angst und Schuld zu verstehen?

11. Selbstprüfung der Schuld – ein Fragebogen

	Stimmt	Stimmt teilweise	Stimmt nicht
1. *Gibt es jemanden, dem Sie böse sind und dessen »Vergehen« Sie nicht vergessen können?*			
Einem der beiden Elternteile?			
Einem Ihrer Geschwister?			
Einem Freund/einer Freundin?			
Dem Ehepartner?			
Einem Mitarbeiter?			
Einem Menschen, der Ihnen in der Kindheit Böses angetan hat?			
Einem Menschen, der Sie sexuell mißbraucht hat?			
2. *Erheben Sie Anklage gegen andere, die Ihnen etwas schuldig geblieben sind?*			
Gegen Ihre Eltern?			
Gegen den Lebenspartner?			
Gegen die Kinder?			
Gegen das Leben?			
Gegen Gott?			
3. *Reagieren Sie mit Schuldvorwürfen, wenn jemand Sie an einen anderen Menschen erinnert?*			
Gefällt Ihnen seine Art nicht?			
Erinnert er Sie an Ihren Vater? An Ihre Mutter?			
Sind Ihnen solche Übertragungen (Schuldübertragungen) einsichtig?			
4. *Wenn Sie Schuld erkannt haben, wollen Sie sie vergeben?*			

12. Praktische Hilfen für die therapeutische Seelsorge

1. *Vergebung macht eine dreifache Versöhnung erforderlich.*
- Eine Versöhnung mit Gott, eine Versöhnung mit dem Betreffenden, der gedemütigt und verletzt hat, eine Versöhnung mit sich selbst.
- Wer mit sich nicht versöhnt ist, kann nicht völlig mit dem andern versöhnt sein. Auch die Versöhnung mit Gott ist eingeschränkt.

2. *Der Vorgang der Versöhnung ist oft ein jahrelanger Prozeß.*
- Viele seelische Verletzungen liegen sehr tief.
- Der Seelsorger darf keinen Druck ausüben und ungeduldig werden.
- Der Seelsorger sagt dem Ratsuchenden, daß er Zeit haben darf. Viele »Wunden« heilen langsam.

3. *Was geschieht, wenn keine Schuldbefreiung und Erleichterung erlebt wird?*
- Der Ratsuchende bleibt verzweifelt. Er hört auf seine Gefühle, auf sein Gewissen, auf seine innere Stimme.
- Er glaubt mit dem Kopf, er glaubt nicht mit dem Herzen, mit der Tiefenperson.
- Die Hilfe des Seelsorgers kann darin bestehen, daß er den Ratsuchenden darauf hinweist, daß er sich auf Gottes Wort verlassen muß, nicht auf die eigenen Gefühle. »Denn immer, wenn unser Gewissen uns verurteilt, wissen wir, daß Gott größer ist als unser Gewissen. Wenn also unser Gewissen uns nicht mehr verurteilen kann, meine Freunde, dann dürfen wir mit Zuversicht zu Gott aufschauen« (1.Joh. 3,20–21).
- Der Ratsuchende hat noch Schuldempfindungen, aber Gott ist größer als unsere Schuldvorwürfe.

4. *Sprechen Sie Sünden und Probleme vor einem anderen Menschen aus!*
- »Bekenne einer dem anderen seine Sünde und betet füreinander, damit ihr geheilt werdet« (Jak. 5,16).
- Oft fehlt die tiefe Heilung, weil Christen nicht den Mut haben, sich einem anderen Menschen zutiefst anzuvertrauen.

- Das Bekennen von Schuld entlastet, Beichte ist Katharsis (Reinigung).

5. *Vergebungsbereitschaft setzt voraus, sich seiner Verantwortung zu stellen.*
- Daß ein anderer an mir schuldig wird, hat oft mit mir zu tun. Was ist *mein Anteil am Schuldigwerden des anderen?*
- Sich seiner Verantwortung bewußt werden und Vergebung üben sind zwei Seiten einer Münze.
- Es ist hilfreich, in der Seelsorge beide Aspekte zu bedenken.

6. *Hat sich der Ratsuchende selbst vergeben?*
- Viele Christen sagen: »Ich weiß, daß Gott mir vergeben hat, aber ich kann mir selbst nicht vergeben.« Das ist ein Widerspruch in sich.
- Wer so denkt, stellt sich im Grunde *über* Gott. Er will gerechter sein als Gott.
- Wenn Gott vergibt, ist die Sünde weggegeben, vergessen und in seinen Augen ausgelöscht.

7. *Der Mechanismus der Manipulation des anderen durch Schuldgefühle muß aufgedeckt werden.*
- Manipulation baut auf den Schuldgefühlen der anderen auf. Wie sehen die entsprechenden Verhaltensmuster aus?
  Einige Beispiele:
  »Ich bin völlig erschöpft von all der Arbeit durch Überstunden. Es macht mir nichts aus, Überstunden zu machen (Lüge), weil ich weiß, daß du dir so sehr ein neues Auto wünschst.«
  »Die harte Arbeit geht mir an die Knochen. Ich weiß wirklich nicht, wie ich Werner heute abend zum Jugendtreff fahren soll.«[5]
  Was soll damit eigentlich gesagt werden?
  »Ich bin heute abend sehr müde, könntest du den Werner zum Jugendtreff fahren?«
- Unsere Vorstellungen sollen frei von Beschuldigungen, Drohung und Feindseligkeit sein.

Die Aufgabe der Seelsorge in diesem Zusammenhang ist eine dreifache:
- Aufdecken des Irrglaubens;
- den Irrglauben in Frage stellen;
- den Irrtum durch die Wahrheit ersetzen.

8. Manipulation durch Schuld ist häufig durch eigene Schuldgefühle bedingt.
- Eltern, die ihre Kinder verwöhnen und ihnen alle Wünsche erfüllen, haben nicht selten Schuldgefühle, den Kindern gegenüber versagt zu haben.
- Sie haben das Gefühl, die Kinder vernachlässigt, nicht gewollt und abgeschoben zu haben.
- Eltern, die alles für die Kinder getan haben, machen später oft die stärksten Vorwürfe und Schuldgefühle.

9. Vergebung ist die wertvollste Form des Loslassens.
- Vergeben heißt weggeben und loslassen.
- Wer ständig gegenüber Eltern, Kindern und Partnern mit Schuldvorwürfen arbeitet, hat nicht vergeben.
- Auch das Sich-selbst-schlecht-machen ist ein Symptom mangelnder Selbstannahme.
- Wer krampfhaft einen Menschen bindet, will dem anderen Schuldgefühle machen. Schuldgefühle, die ein Partner im anderen hervorruft, haben den Sinn, ihn dazu zu veranlassen, daß er sich mehr kümmert, daß er liebevoller und aufmerksamer wird. Wer krampfhaft bindet, kann nicht vergeben und damit auch nicht loslassen.
- Wie können solche unbewußt produzierten Schuldgefühle aussehen?

10. Der Seelsorger muß die raffinierten Abwehrmechanismen des Ratsuchenden durchschauen.
- Abwehrmethoden sind ein Zeichen von Unreife.
- Abwehrmethoden sind ein Zeichen von Unverantwortlichkeit und Sünde.

- Jeder hat bestimmte Lieblingsabwehrmethoden, die seinem Lebensstil entsprechen.
- Wie lautet ein eigener Lieblingsabwehrmechanismus?

11. Schuldgefühle und Selbstbestrafung

- Viele Menschen, die sich in Ehe, Partnerschaft und zwischenmenschlichem Leben für schuldig erklären, bestrafen sich selbst.
- Sie schädigen sich selbst, ziehen Unglück auf sich, sie bestrafen sich auf vielerlei Weise, nur um dann zu sich selbst zu sagen: »Das geschieht dir recht!« »Du hast es nicht anders verdient!«
- Auslöser für diese Selbstbestrafung kann eine unterdrückende Erziehung gewesen sein.
  »Wenn du nicht gehorchst, habe ich dich nicht lieb!«
  »Du bringst mich noch ins Grab!«
- Falsche Anpassung und Gefügigkeit wecken ein falsches Schuldbewußtsein. Der Mensch fühlt sich schuldig, weil er den Erwartungen der Eltern nicht entspricht.

12. Schuldgefühle und körperliche Beschwerden

- Nervenzusammenbrüche können die Folge davon sein, daß Christen ein Gottesbild produzieren, das Gott als ewigen Nörgler, Antreiber und Ankläger darstellt.
- Depressionen sind häufig die Folge vom Nichtgenügen, von Ärger, Wut und Enttäuschung, sind die Folgen des Gefühls, sich selbst, den anderen und Gott etwas schuldig zu bleiben.

Kapitel 20

Seelsorgerliche Hilfe bei Suizidgefährdung

Selbstmörder gibt es auf der ganzen Welt. Es sind meist entmutigte und einsame Menschen. Viele haben ein Neigung zur Schwermut und eine feine Empfindlichkeit für alles Dunkle.
In der Bundesrepublik nahmen sich im Jahr 1991 14018 Menschen das Leben. Etwa 20 % davon waren jünger als 35 Jahre. Die Zahl der unerkannt gebliebenen Selbstmordversuche scheint um ein Vielfaches höher zu liegen.
Der Berliner Arzt und Psychotherapeut Dr. Klaus Thomas schreibt, daß sich unter den Ratsuchenden, die Selbstmordgedanken haben, auffallend viele Menschen mit Lebenskonflikten befinden.
»Zu dreiviertel sind es Frauen, denen das Liebesleid untragbar erscheint, unter ihnen finden sich auffallend viele ganz junge Mädchen, meist Schülerinnen, die für schweres Erleben noch nicht tragfähig genug sind. Ihre Selbstmordhandlungen, die glücklicherweise meist mit untauglichen Mitteln versucht werden, waren oft nach außen hin als Folge von Schulschwierigkeiten getarnt.«[1]
Und der Wiener Arzt Erwin Ringel hat auf Grund jahrelanger Beschäftigung mit dem Problem des Selbstmordes festgestellt, daß 20 % der Lebensmüden an einer Geisteskrankheit und 80 % an einer Neurose leiden oder gelitten haben.
Das erste Problem des Selbstmordgefährdeten ist die ungelöste Frage nach dem Sinn. Der Verlust des Glaubens und damit der Sinnhaftigkeit läßt das Verbleiben in der Welt als wert-los erscheinen. Eine nihilistische Grundstimmung greift um sich. Albert Camus hat sie in seiner Schrift »Der Mythos von Sisyphos« treffend umschrieben:
»Eine Welt, die sich – wenn auch mit schlechten Gründen – deuten und rechtfertigen läßt, ist immer noch eine vertraute Welt. Aber in einem Universum, das plötzlich der Illusionen und des Lichtes beraubt ist, fühlt der Mensch sich fremd. Aus diesem Verstoßensein gibt es kein Entrinnen, weil er der Erinnerungen an seine verlorene

Heimat als der Hoffnung auf sein gelobtes Land beraubt ist. Da alle normalen Menschen an Selbstmord gedacht haben, wird ohne weiteres klar, daß zwischen diesem Gefühl und der Sehnsucht nach dem Nichts eine direkte Beziehung besteht.«[2]

Die Sinnlosigkeit des Daseins verstärkt den Sog in den Abgrund. Die Traurigkeit zieht in die Tiefe. Die Bibel sagt es klar und unmißverständlich:

»Die Traurigkeit der Welt wirkt den Tod« (2. Kor. 7,10b). Die Sinn-losigkeit ist ein Kennzeichen der Moderne. Aber im Vordergrund stehen nicht sexuelle Frustrationen, sondern *existenzielle.* Langeweile und Leere sind allgegenwärtig. Nicht umsonst spricht man von der *tödlichen* Langeweile, von der Langeweile, die tötet. Da wird die Zeit *tot*geschlagen, mit Geschwindigkeits- oder Konsumrausch das Vakuum übertönt. Das immer mehr gesteigerte Tempo des Lebens wird zum vergeblichen Selbstheilungsversuch.

Das zweite Hauptproblem des Lebensmüden ist Einsamkeit. Einsamkeit ist nicht nur eine entscheidende Ursache vieler Geisteskrankheiten, sondern auch eine der Ursachen für Selbstmord. Der isolierte Mensch kann geistig nicht gesund bleiben. Ein Mensch, der sich abkapselt, bleibt unvollendet und unterernährt. Die Einsamkeit ist eines der vorherrschendsten Merkmale unserer Gesellschaft. Jeder Mensch braucht aber Gemeinschaft, die Beziehung zum Du, Kontakt und das Eingebettetsein in ein Wir.

Das Leben eines Menschen beginnt mit einem Schrei. Zwei Menschen, die zusammengehörten, werden getrennt. Und solange der Mensch lebt, bewegt ihn dieser Hunger nach Wärme, nach Antwort, nach Geborgenheit, nach Eingebettetsein. Der Schrei eines Selbstmörders, der fast immer aus einem Selbstmordversuch herauszulesen ist, ist der Schrei eines Einsamen, Verzweifelten, Alleingelassenen. Es ist der Hilferuf nach Kontakt, Verständnis und Liebe. Im Miteinander der Gemeinschaft findet der Hilflose Kraft zum neuen Leben.

Die Einsamkeit des Menschen kann ihm das Herz brechen, kann ihn töten, kann ihn zur Hoffnungslosigkeit verdammen. Und es gibt keine bessere Medizin als Liebe. Wie sich Menschen gegenseitig die furchtbarsten Schmerzen zufügen können, so können sie sich auch gegenseitig die größte Liebe antun, wenn sie aufeinander zugehen, wenn sie sich rückhaltlos akzeptieren. Das ist entscheidend: den Lebensmüden begleiten auf *seinem* Wege und nicht auf unserem Wege. Geteiltes Leid ist halbes Leid.

1. Welcher Lebensstil kennzeichnet den Lebensmüden?

Eine fünfzehnjährige Schülerin hat Selbstmord begangen. Sie ging in die Obersekunda eines Gymnasiums. Sie hatte eine strenge Mutter, die Zensuren unter »ausreichend« mit Strafen ahndete. Das Mädchen hatte ein Zeugnis bekommen, in dem zwei Fünfen enthalten waren. Die Versetzung war gefährdet, ein entsprechender Hinweis war in der Rubrik »Bemerkungen« eingefügt. Eine unbesiegbare Angst bemächtigte sich des Mädchens. Sie kam nicht nach Hause und wurde einige Tage später im Wald tot aufgefunden. War das schlechte Zeugnis die *Ursache* für den Selbstmord? Nein, die schlechten Zensuren waren der *Anlaß*. Die Ursachen gehen weit in das Leben des Mädchens zurück. Der Selbstmord hatte eine lange Vorgeschichte. Die Entmutigung war systematisch gefördert worden. Sie hatte sich wie ein Krebsgeschwür über den ganzen Menschen ausgebreitet, bis das Mädchen keinen Ausweg mehr sah.
Wie sieht nun die *Lebensstilbildung* eines Lebensmüden aus? Einige Möglichkeiten sollen aufgezeigt werden.
Potentielle Selbstmörder sind unangepaßte Menschen. Sie haben Schwierigkeiten im Kontakt, in der Gemeinschaft und mit sozialen Beziehungen. Es gibt zwei konträre Erziehungsstile, die Fehlhaltungen und Anpassungsschwierigkeiten heraufbeschwören können: *Verwöhnung* und *Vernachlässigung*. Auch die *Überforderung* kann den Pessimisten, den Lebensfeigling, den Verschüchterten hervorbringen. Die Schwelle, die vor dem Kind aufgestellt wird, kann das Kind nicht überschreiten. Es fühlt sich entmutigt, hilflos, schwach und weicht aus. Solche falschen Erziehungsstile unterminieren das Gemeinschaftsgefühl eines Kindes und hemmen sein Zugehörigkeitsgefühl. Und jede gesunde Entwicklung eines Heranwachsenden hängt davon ab, daß er seinen Platz in der Gruppe und der Gesellschaft findet.

Da sind Menschen, die als Kinder verwöhnt und unselbständig gemacht wurden. Mütter haben sich – aus welchen Gründen auch immer – an die Kinder geklammert, um sie nicht zu verlieren, haben sie bemuttert, überbeschützt und unselbständig gemacht. Auf diesem Verwöhnungshintergrund sind die Kinder zu einem Lebensstil gekommen, der darin besteht, sich bedienen zu lassen, ständig die Unterstützung anderer Menschen in Anspruch zu nehmen, sich anzulehnen und parasitär zu verhalten. Ihre Ansprüche an die Menschen und an das Leben sind enorm groß. Niemand ist in der Lage, sie zu befriedigen. Darum ringen sie mit Pessimismus, Resignation, Flucht und Sucht. Sie antworten mit Protest, mit Klagen und Tränen, mit Strick und Selbstmorddrohungen. Solche Menschen haben es nicht gelernt, die Aufgaben des Lebens *selbst* zu meistern, sie verlassen sich auf andere, die sie aber erwartungsgemäß enttäuschen müssen. Der Lebensmut, den ein solcher Mensch nicht entwickeln konnte, weil Eltern und Erzieher alles für ihn getan haben, wird bei ihm durch Angst ersetzt. Er sucht die Fehler bei anderen. Diese Einstellung wird mit zunehmendem Alter immer klarer ausgeprägt. Die Gesellschaft, die Eltern, die Kirche, der Staat ... sind schuld.

»Was könnte ich leisten, wenn nicht die verkorkste Gesellschaft, die Alten, das Establishment oder der Leistungsdruck wären. Selbstverständlich könnte ich dann ein brauchbares Glied in der Gesellschaft sein, ich würde nicht herumhängen, mich nicht gehen lassen.«

Falsch ist nicht der Weg, falsch ist das Ziel. Unbewußt will man sich durch Krankheit, durch Schlappheit, durch Schwäche, durch Sucht vor den Lebensaufgaben drücken.

Dazu gehört auch, daß der Lebensmüde, der sich in völlige Einsamkeit hineinmanövriert hat, sein Verhalten und seinen Lebensstil *rationalisiert*, entschuldigt, und zwar so, daß er selbst an seine inneren Ausreden glaubt. Bevor es zur anomalen Entmutigung kommt, glaubt er daran, daß Einsamkeit besser sei als das ständige Zusammensein mit anderen, daß Einsamkeit die Schaffenskraft erhöhe und daß es eben von Geburt an Einzelgänger und Herdenmenschen gebe.

Der jugendliche Neurotiker demonstriert seine Schwäche, seinen mangelnden Lebensmut, seinen Pessimismus und entschließt sich zum Rückzug. Die Erziehung hat ihn nicht für das Leben vorbereitet. Er wurde lebensuntüchtig, ein Feigling und ein Flüchtling. Analysen von Selbstmördern, wie sie Dr. Klaus Thomas in Berlin vorgenommen hat, machen deutlich, daß die Familien gestört waren und mangelnder emotionaler Kontakt die Entwicklung einer Grundgeborgenheit des Daseins verhinderte. Geborgenheit verschafft innere Stabilität und eine Tragfähigkeit zum Erdulden von Konflikten, Widerständen und Hemmnissen. Gerade in der Pubertät, einer Zeit größter Labilität, glaubt der ungeborgene Jugendliche, die Belastungen nicht mehr ertragen zu können. Er bricht aus und hofft, Geborgenheit, Glück und Zufriedenheit im Rausch, in der Droge, im Alkohol oder in der Tablette zu finden. Je ungeborgener sich ein Kind in einer Familie erlebt hat, desto kontaktärmer wird es. Das Gemeinschaftsgefühl ist gestört, die Droge wird zur Prothese, zu einem verspäteten Ersatz für die veruntreuende Mutter.

»Durch die Droge wird der Bezug zur Realität jedoch so gestört, daß realitätsangepaßtes Verhalten nicht mehr möglich ist. Das ist keine Form der Konfliktbewältigung. Das ist Konfliktflucht durch Realitätsflucht. Wer die Realität leugnet, leugnet letztlich sich selbst in seiner Existenz. Selbstmord ist darum nur der Ausdruck eines inneren Todes.«[3]

Der Individualpsychologe Erwin Wexberg charakterisiert sucht- und selbstmordgefährdete Menschen folgendermaßen:

»Die teilweise oder vollkommene Nichterfüllung einzelner oder sämtlicher Lebensaufgaben als Folgeerscheinung der Neurose charakterisiert diese als ein Verhalten, das gegen die Forderungen des Gemeinschaftsgefühls, also des Lebens selbst gerichtet ist... Es ergibt sich aber aus ihnen die Möglichkeit, die Neurose noch durch zwei einander nahe verwandte Kennzeichen näher zu charakterisieren, die praktisch-psychologisch wichtig sind: die *Lebensangst* und die *Todesangst*. Die Lebensangst, die sich unter anderem darin auswirkt, daß so gut wie jede Neurose früher oder später in Selbstmordgedanken, Selbstmordversuche oder Selbstmord ausläuft, drückt unmittelbar das Gefühl der Unzulänglichkeit gegenüber den Forderungen des Lebens aus. Die Todesangst, die der

Angst vor dem Leben durchaus nicht widerspricht und sehr oft mit ihr und selbst mit Lebensüberdruß gemeinsam vorkommt, dient der Entwertung dieses Lebens, denn ihm fühlt sich der Neurotiker nicht gewachsen. Lebensangst und Todesangst haben einen gemeinsamen Nenner, der sich beim Selbstmörder etwa in die Formel kleidet: ›Ich bin für dieses Leben nicht geschaffen.‹«[4]
Der Lebensstil vieler neurotischer Jugendlicher ist gekennzeichnet durch Flucht in den Rausch. Dieser Rausch ist eine Regression, ein Zurückschreiten, ein Rückzug aus der geglaubten und gefühlten Frustration. Wo aber Lebensmut und Ermutigung gefehlt haben, schleichen sich Sinnlosigkeit und Leere ein. Es bleibt nur noch die Betäubung, um die Langeweile, Leere und Sinnlosigkeit nicht erleben zu müssen.

2. Selbstmord richtet sich gegen andere

Selbstmord ist eine Aggression. Das hat Sigmund Freud klar definiert, wenn er sagte:
»Es tötet niemand sich selbst, er wolle denn einen anderen töten.«
Auch Alfred Adler ist der gleichen Meinung, wenn er schreibt:
»Sogar die in den Selbstmord führende Melancholie ist und bleibt noch immer eine ›direkte Aggression‹ gegen andere... Es liegt darin das Bestreben, den Angehörigen oder der übrigen Umgebung einen Schmerz zuzufügen, um sich auf diese Weise für erlittene Zurücksetzung zu rächen.«[5]
Die Aggression auf Grund erfahrener oder angenommener Zurücksetzung kann selbst im Traum zum Vorschein kommen, wie ich es bei einem Jungen erlebt habe. Immer sind es entmutigte und passive Jugendliche. Sie empfinden das Leben als sinnlos und leer. Die anderen sind kalt und häßlich. Man fühlt sich nicht genug geliebt, nicht genügend verstanden und bekommt nicht genug Zuwendung.
Ein 13jähriger Junge, der schon einige Male weggelaufen war und sich im nahen Wald vor den Eltern versteckt hielt, wurde gefaßt und in die Beratung gebracht. Er erzählte mir eines Tages einen bezeichnenden Traum:

»Ich spiele am Fluß, der halb zugefroren ist. Es ist furchtbar kalt. Die Bäume sind alle weiß überfroren. Ich gehe immer weiter die Böschung hinunter und stehe schon auf dem Eisrand. Ich drehe mich um und sehe meine Mutter mit angstverzerrtem Gesicht auf mich zukommen. Sie hat ganz große Augen vor Angst. Ich gehe immer weiter auf das Eis und breche ein. Unten im Wasser, das ganz klar ist, hocke ich still auf dem Grund und schaue durch die Wasserschicht. Mutter kann mich nicht sehen. Sie steht verzweifelt am Uferrand und weint.«

Ich: »Kannst du mal die Gefühle schildern, die du in dem Augenblick hattest, als du auf dem Flußgrunde hocktest?«

Er: »Das war ganz komisch. Ich saß versteckt in der Tiefe. Mutter konnte mich nicht sehen. Sie hatte schreckliche Angst. Und ich war kein bißchen traurig.«

Was steht im Hintergrund? Was macht dieser Traum deutlich? Der Junge ist der Älteste von drei Geschwistern. Ein Außenseiter, der keine Freunde und Spielgefährten hat. Die Welt ist für ihn eine kalte, eisige Landschaft. Er möchte am liebsten hinabsteigen in den Tod. Da taucht seine Mutter auf, zu der er gar kein Verhältnis hat, die beruflich überlastet ist und sich nicht um den Jungen gekümmert hat. Er will sich an ihr rächen. Die Mutter, die nie um ihn geweint hat, die nie hinter ihm hergelaufen ist (nur nach seinem Weglaufen hat sie angeblich bitterlich geweint), die nie seinetwegen verzweifelt war, wie er *glaubt*, rennt im Traum hinter ihm her und ist in Tränen aufgelöst. Das möchte er einmal erleben. Er wird sie strafen und sich im Fluß ertränken. Sie soll sich entsetzt die Haare raufen, weil sie nicht liebevoller zu ihm gewesen ist. Sie wird am Ufer stehen und nur noch ein Loch im Eis erblicken.

Bei diesem Jugendlichen ist eine Neigung zum Selbstmord vorgezeichnet. Er fühlt sich von zwei Geschwistern entthront, von der Mutter verstoßen, vom Vater nicht verstanden und von seinen Kameraden abgelehnt. Er *macht* die Erfahrung, daß die anderen kalt und lieblos sind und fühlt sich in seiner Meinung täglich bestätigt. Er ist lebensmüde, sieht alles schwarz und möchte am liebsten aus dem Leben scheiden.

Wir haben eine Reihe von Gesprächen geführt, die den Jungen die *Erfahrung machen ließen*, daß es Menschen gibt, die für ihn da

sind, die ihn lieb haben, die ihn verstehen, die sich in seine zum Teil absurden Gedanken hineinversetzen und mit ihm darüber vorurteilsfrei diskutieren.
Der Lehrer wendet sich dem Außenseiter zu, und der Junge wagt es, die ausgestreckte Hand anzunehmen. Die Mutter wimmelt ihn nicht ab, wenn er tatsächlich mal mit einer Frage kommt. Der Vater hält ihn nicht mehr für einen ›Spinner‹, und der Sohn den Vater nicht mehr für verkalkt. Das Wahrnehmungsschema des Jungen ändert sich, sein Welt- und Lebensverständnis wandelt sich. Er *macht* neue Erfahrungen und *schafft* damit eine neue Blickrichtung. Er findet in der Jungschar einen Freund, mit dem Freund eine Gemeinschaft, mit der Gemeinschaft einen neuen Lebenssinn. Ein CVJM-Sekretär sagte mir von ihm, daß er eines Tages mal ein guter Jungscharleiter würde. »Man kann sich auf ihn verlassen!« Der Junge aber verläßt sich auf die Gruppe, auf den Leiter, auf seine Kameraden. Das Gefühl, sich auf niemanden verlassen zu können, hat sich geändert. Die veränderte Ausrichtung seiner Ziele und Vorstellungen hat sich positiv ausgewirkt.
Die beratende Seelsorge hat genau an der Stelle angeknüpft, wo im Leben des Kindes die Weichen falsch gestellt wurden, wo es dem Leben auswich und den Rückzug in seinen Lebensstil einbaute.

3. Welche Hilfen sind möglich?

a) Jugendliche, die verwahrlost oder dissozial geworden sind, die in der Gefahr stehen, süchtig zu werden, und die den Lebenskampf aufgegeben haben und mit Selbstmordgedanken umgehen, gehören in die *Beratung und die Therapie von Fachleuten.* Eine fruchtbare Zusammenarbeit zwischen Berater und Seelsorger, zwischen Gruppenleiter und Therapeut kann für den Außenseiter eine entscheidende Hilfe sein. Der Lebensmüde ist über den Berg, wenn er in einer Gemeinschaft Fuß gefaßt hat und sich dort akzeptiert weiß.

b) Was gilt es heute prophylaktisch zu bedenken? Was müssen Pädagogik, Verkündigung und Seelsorge berücksichtigen? Als erstes gilt: Die *Verhinderung einer falschen Lebensstilhaltung* beginnt an der Mutterbrust. Verwöhnung oder Vernachlässigung, Verwahrlosung und Lebensuntüchtigkeit bedingen einander. Verwöhnung ist keine anti-autoritäre Erziehungspraxis, sie ist ein Verbrechen am Kind, sie ist eine perfekte Fehlerziehung. Selbst A. S. Neill hat das erkannt und formuliert: »Das verzogene, betrogene, verdorbene Kind ist das Produkt einer verdorbenen Gesellschaft. Man hat ihm nicht Freiheit, sondern Zügellosigkeit gewährt.«[6]
Die Drogenabhängigen und potentiell Süchtigen sind das Ergebnis einer verfehlten Erziehung. Sie sind seelisch unterernährt aufgewachsen, während durch Verwöhnung ihre Aktivität im Leben blockiert und gelähmt wurde. Schon als Kleinkinder beginnen sie zu stehlen, weil sie haben *müssen*. Ihre Antriebsschwäche führt schließlich in die Sucht. Sie melden ihr Leben lang übermäßige Ansprüche an, die kein Mensch befriedigen kann. Verwöhnte Kinder sind egoistische Kinder. Sie denken zuerst und zuletzt an sich und setzen ihre Wünsche und Vorstellungen rücksichtslos durch. Erreichen sie ihre Ziele nicht, ziehen sie sich beleidigt, rachsüchtig und gekränkt zurück. Verwöhnte Kinder sind Parasiten der Gesellschaft, Spielverderber und miserable Kameraden. Ihre Passivität, ihr Pessimismus, ihre Resignation und ihre Gleichgültigkeit sind ein fruchtbarer Boden für Kriminalität und Verbrechen. Sie wollen, daß ihnen die gebratenen Tauben in den Mund fliegen und daß ihnen die Reichtümer der Reichen und Satten mühelos zufallen.

c) Pubertät und Reifezeit sind dadurch gekennzeichnet, daß neue Erlebnismöglichkeiten, neue Interessen und neue Fähigkeiten entwickelt werden. Das betrifft nicht nur die Auseinandersetzung mit Fragen der Sexualität und Partnerschaft, sondern in erster Linie Fragen nach der Gemeinschaft und der Gemeinschaftsfähigkeit überhaupt. Wer bis dahin nicht *gemeinschaftliche* Leitlinien entwickelt hat, wird es in der beginnenden Pubertät und später doppelt schwer haben. Vereinsamung ist eine Erscheinung der *Ichhaftigkeit*, und Vereinsamung bedeutet Leiden. Sie ist der Mangel an Verbin-

dungen zwischen Herz und Herz und Mensch und Mensch. Das Leben ohne Gemeinschaft wird auf Dauer sinnlos, leer, langweilig und freudlos. Lebensmüdigkeit kann sich einstellen.
Und der Weg aus dem Dilemma?
Zunächst die *Einsicht*, daß eine völlige Einsamkeit sich aus der Ichhaftigkeit entwickelt hat. Weiter, daß die Ichhaftigkeit ein falsches und irriges Ziel ist und mit Verbitterung und Ausgestoßensein bezahlt werden muß. Abbau der Ichhaftigkeit, der Drückebergerei und der Verantwortungslosigkeit sind erforderlich. Der ganze Mensch – nicht nur sein Gefühl – muß eine andere Richtung einschlagen, und zwar von der Mutlosigkeit zum Mut, von der Erwartungslosigkeit zur Erwartung.

d) *Die Aufgabe der Gruppe*: Es ist eine Grunderkenntnis der Sozialpsychologie und der Individualpsychologie, daß nur innerhalb der menschlichen Gemeinschaft der Mensch sich erfüllen und verwirklichen kann. Das Streben nach einem Platz in der Gruppe, in der Gesellschaft, ist das Ziel jedes Kindes und des Erwachsenen. Gelingt der Gruppe, dem Gruppenleiter oder einigen aktiven Gliedern der ehrliche, mitleidlose Kontakt mit dem Außenseiter, kann dieser seine destruktive, dissoziale Rolle aufgeben. Er wird wieder zum guten Mitspieler, fühlt sich akzeptiert, findet seinen Platz und entwickelt Kooperationsbereitschaft. Er lernt allmählich, Mißerfolge und Niederlagen zu ertragen. Sein Spannungsbogen wächst, sein Pessimismus nimmt ab, und sein Wahrnehmungsschema enthält eine andere Färbung. Der Sinn des Lebens, der verlorengegangen war, profiliert sich neu.

e) Bei Lebensmüden, besonders bei Depressiven, tauchen nicht selten erhebliche *Schuldgefühle* auf, die die Selbstmordneigung verstärken. Solche Menschen halten sich für die verworfensten Geschöpfe auf Erden, für die größten aller Sünder. Sie klagen sich an, fühlen sich den gräßlichen Strafen ausgesetzt und pflügen ihr bisheriges Leben selbstquälerisch um. Für Beratung und Seelsorge gilt, daß *echte und krankhafte Schuldgefühle in jedem Fall ernstgenommen werden*, besonders wenn es sich um völlig irreale und übersteigerte Schuldgefühle handelt, und zwar wegen der bestehenden Selbstmordgefahr. Die Herzenszerknirschung in der depressiven Phase, die in der Seelsorge nicht selten für Bekehrungsversuche ausgenutzt wird, darf nur bedingt ernst genommen werden, da nach Abklingen der depressiven Phase nicht selten das ernst gemeinte Bekehrungserlebnis mit anderen Augen betrachtet wird.

f) Entscheidend für einen depressiven Lebensmüden mit übergroßen Schuldgefühlen ist, daß er *nicht* nur von einem Psychiater oder gewöhnlichen Arzt *mit Medikamenten abgespeist* wird. Es kann sein, daß nach einer trügerischen Strecke angeblicher Besserung erneut eine tiefe Verzweiflung auftritt, weil seine Schuldgefühle unverarbeitet blieben.

g) Im Gespräch mit Lebensmüden kann es geschehen, daß der Seelsorger aus Angst, er könnte sich am möglichen Selbstmord eines Menschen mitschuldig machen, in missionarischen Eifer gerät, weil er Selbstmord für eine schwere Sünde hält und den Notleidenden immer eindringlicher warnt, je weniger dieser von seinen destruktiven Absichten abrücken will. Die meisten Selbstmörder haben auch Schuldgefühle. *Vorwürfe und eindringliche Appelle*, die mit großem Ernst im Namen Jesu vorgetragen werden, *können die Verzweiflung fördern*, das Verworfenheitsgefühl und die Hoffnungslosigkeit steigern und so geradezu den Selbstmord auslösen.

h) Jede *sinnvolle Ablenkung bedeutet* dem Lebensmüden *praktische Hilfe*. Je zwangloser er in einer Gruppenstunde integriert wird, je aktiver er sich für aktuelle Dienste in der Gemeinde, in der Gruppe oder für diakonische Aufgaben einspannen läßt, desto mehr verringert sich die Gefahr, Verzweiflung und Depression neu zu schüren. Howard J. Clinebell geht so weit zu sagen: »Am Suizide Prevention Center in Los Angeles hat man festgestellt, daß schon das Durchlaufen einer Anzahl von psychologischen Tests, denen sich der Betreffende unterziehen muß, in sich selbst von heilender Wirkung ist. Diese Aktivität gibt der chaotischen Welt eines Selbstmordkandidaten temporäre Strukturen, erweckt Hoffnung auf eine Linderung seines seelischen Schmerzes und bietet Gelegenheit, der Autoritätsfigur zu gefallen, die die Beschäftigung verlangte.«[7]

i) Für die Verkündigung und Seelsorge ist es bedeutsam, daß schon das kleine Kind lernt, *sich in der Familie heimisch und geborgen zu fühlen.* Ungeborgensein heißt, niemand haben, niemand wissen, niemand sein eigen nennen können, niemand, der bei einem ist in guten und bösen Tagen. Das kleine Kind braucht emotionale Zuwendung, Verständnis und Liebe, aber nicht in erster Linie totale Wunschbefriedigung. Der Neurotiker hat keine Geborgenheit erlebt, er fühlt sich heimatlos und entwurzelt. Er hat kein Dazugehörigkeitsgefühl, fühlt sich verraten und ausgestoßen. Er befindet sich sozusagen ständig in Feindesland.

Sich geborgen fühlen, sich angenommen, aufgenommen und zu Hause fühlen sind Grundvoraussetzungen der Erziehung – auch auf religiösem Gebiet. Viele Jugendliche stehen heute inmitten einer immer komplexer werdenden Gesellschaft orientierungslos im Leben. Sie finden keine Antwort auf Sinnfragen, sie sind existenziell frustriert. Daher hat die Botschaft von Jesus Christus Zukunft. Jesus Christus ist Sinn, Weg und Leben. Er kann Gewißheit und Geborgenheit schenken.

Für die beratende Seelsorge gilt, daß die Geborgenheit nicht gepredigt, diese Geborgenheit nicht einfach anempfohlen, nicht suggeriert und nicht angeraten werden kann. Wäre der Ungeborgene nicht schon selbst darauf gekommen? Hätte er selbst nicht schon nach jedem Strohhalm gegriffen? Der Lebensmüde muß die Geborgenheit erfahren, erleben, erspüren. *Wir sind es, die ihn nicht in Stich lassen dürfen.* Wir können ihm keine unerschütterliche Geborgenheit verkündigen. Besonders wenn er ein depressiver und krankhafter Zweifler ist, könnte er an unserer Unerschütterlichkeit zerbrechen. Glaubenszuversicht und das Wissen um die unerschütterliche Geborgenheit in Gott können ansteckend wirken; sie können aber auch die Verzweiflung fördern, weil der Ratsuchende an dem glaubensstarken Menschen seine eigene Verworfenheit zu erblicken glaubt.

Viele Jugendliche suchen uneingeschränkte Freiheit und finden totale Bindung und Fesselung. Jesus Christus bietet Geborgenheit und damit Freiheit. Wer sich durch den Glauben an Jesus Christus geborgen weiß, empfängt wahre Freiheit. Er steht nicht mehr unter einem Zwang. Und diese Freiheit schafft Frieden, der »höher ist als alle Vernunft«. Der junge Mensch ist in der Lage zu hoffen und nicht zu verzweifeln, er ist in der Lage, die Lebensaufgaben anzugehen und nicht zu fliehen. Er kann Krisen bewältigen und braucht nicht den Konflikten auszuweichen. Ein ehemaliger Rauschgiftsüchtiger, der durch »Teen Challenge« zum Glauben gekommen war, berichtet:

»Ich bin erst sechs Wochen hier. In meinem ganzen Leben habe ich mich nie glücklicher gefühlt. Hätte ich bereits vor Jahren Jesus kennen gelernt, dann wäre ich wohl kaum drogensüchtig geworden. Denn junge Leute suchen einen inneren Halt und innere Zufriedenheit. Das ist am allerwichtigsten, um mit dem Leben fertig zu werden. Drogen stillen die Sehnsüchte des Menschen nicht, sie erzeugen keinen Frieden und geben keine Antwort auf menschliche Probleme. Im Gegenteil, Drogen zerstören den Menschen, sie machen ihn seelisch und moralisch kaputt. Was der Mensch braucht, das findet er nur bei Jesus. Das möchte ich bekommen. Es gibt keine andere Lösung.«[8]

Ausblick

Ich hoffe, eines ist deutlich geworden: Therapeutische Seelsorge ist eine ernste Arbeit mit dem Ratsuchenden. Die Probleme und Konflikte des Menschen müssen aus dem Lebensstil, aus dem gesamten Denken, Fühlen, Glauben und Handeln einer Person heraus verstanden werden. Die Schwierigkeiten sitzen nicht an einer bestimmten Stelle im Organismus, sondern haben den *ganzen* Menschen in Beschlag genommen.

Leider setzen sich viele Christen nicht ehrlich mit ihrem Leben auseinander. Sie wünschen sich ein vollmächtiges Gebet des Seelsorgers, das auf der Stelle die Schwierigkeiten verschwinden läßt. Sie wollen nicht an sich arbeiten und die Fehlverhaltensmuster *er*kennen und *be*kennen. Viele sprechen von der verändernden Kraft des Heiligen Geistes, aber sie nehmen diese Kraft der Veränderung nicht wirklich in Anspruch.

Wer aus dem Glauben lebt, wer regelmäßig Bibel liest und betet, sollte ständig fragen: »Was willst du, Herr, daß ich tun soll? Mach' mir deutlich, wo ich auf falschem Wege bin.«

Therapeutische Seelsorge will jungen und erwachsenen Christen dazu verhelfen, *konkreter* beten zu lernen. Viele Gebete sind gut gemeint, aber nicht gut. Sie sind nicht viel mehr als kosmetische Übungen, bleiben in der Oberfläche und berühren nicht die tiefliegenden Motive. Unerkannte Wünsche und ungeistliche Ziele sind es, die sich hinter Konflikten verstecken und eine Lösung verhindern.

Biblische Zeugen und namhafte Christen in Vergangenheit und Gegenwart setzten alles daran, Christus zu *erkennen*. Sie erfuhren eine schonungslose Durchforschung ihres Lebens und gleichzeitig Ermutigung und Trost, Durchhaltevermögen und Kraft zur Veränderung. Sie erhielten Erkenntnis und Selbsterkenntnis.

Therapeutische Seelsorge kann die *Motive* aufdecken, die Menschen in Schwierigkeiten und Konflikte gestürzt haben. Sie kann die unbewußten und unerkannten Lügen, an die wir glauben, den Selbstbetrug, den wir praktizieren und die ständigen Rechtfertigungen ins Licht heben. Daß es zur Buße kommt, zur Gesinnungsänderung, zur Änderung der falschen Lebensgrundüberzeugungen und sündhaften Ziele, das ist Werk des Heiligen Geistes.

Jedes seelsorgerliche Gespräch, das den vielfältigen Problemen des Menschen auf den Grund kommen möchte, sollte deswegen mit dem Gebetsruf beginnen:

»Herr, ich bin dein Werkzeug, dein Mitarbeiter, dein Mund. Ich verlasse mich auf deinen Heiligen Geist, der meine Gespräche steuert. Ich danke dir, daß du der Dritte in unserer Mitte bist.«

Damit werden praktische Hilfen, Anleitungen zur Gesprächsführung, Tests und Selbsterforschungsfragebögen nicht überflüssig. Sie bereiten das Feld vor, damit der Herr wirken kann.

Denn es geht nicht nur um Heilung von Ängsten, Beziehungsstörungen und seelischen Verwundungen, sondern um das *Heilwerden* des Menschen in Christus.

Literaturhinweise

Kap. 2. Worum geht es in Seelsorge und Beratung?

1 R. Affemann, Tiefenpsychologie als Hilfe in Verkündigung und Seelsorge, Calwer Verlag, Stuttgart 1965, S. 62.

2 Alexander Mitscherlich, Krankheit als Konflikt, Studien zur psychosomatischen Medizin 1, edition suhrkamp, Frankfurt 1967, S. 60f.

3 Adolf Portmann, Biologie und Geist, Zürich 1956, S. 36.

4 Adolf Allwohn, Evangelische Pastoralmedizin, Grundlegung der heilenden Seelsorge, Ev. Verlagswerk, Stuttgart 1970, S. 28.

5 Aus: Deutsches Allgemeines Sonntagsblatt 10, 5. März 1972.

6 H. Faber/E. van der Schoot, Praktikum des seelsorgerlichen Gesprächs, Vandenhoeck & Rupprecht, Göttingen 1968, S. 129.

Kap. 4. Der therapeutische Seelsorger

1 Fritz Künkel, Die Arbeit am Charakter, Friedrich Bahn Verlag, Konstanz 1964, S. 111f.

2 Howard J. Clinebell, Modelle beratender Seelsorge, Kaiser/Grünewald, München/Mainz 1971, S. 181f.

Kap. 8. Therapeutische Seelsorge bei Ehe- und Partnerschaftskonflikten

1 Rainer Schmidt (Hrsg.), Die Individualpsychologie, Kohlhammer Verlag, Berlin/Köln/Mainz 1982, S. 14.

2 Jürg Willi, Therapie der Zweierbeziehung, Rowohlt Verlag, Reinbek 1978, S. 14ff.

Kap. 15. Vergebung in Partnerschaft und Ehe

1 David und Jan Stoop, Erneuern Sie Ihre Ehe, Aussaat Verlag, Neukirchen-Vluyn 1985, S. 97.

2 ebd., S. 105.

Kap. 19. Schuld und Schuldgefühle in der therapeutischen Seelsorge

1 Medard Boss, Lebensangst, Schuldgefühle und psychotherapeutische Befreiung, Bern und Stuttgart 1962, S. 13.

2 Thielicke/Schrey, Glaube und Handeln, Schünemann Verlag, Bremen 1962, S. 289 (D. Bonhoeffer, Das in Christus erneuerte Gewissen).

3 William Backus/Marie Chapian, Befreiende Wahrheit, Projektion J, Hochheim/Main 1983, S. 31.
4 ebd., S. 100.
5 ebd., S. 138.

Kap. 20. Seelsorgerliche Hilfe bei Suizidgefährdung

1 Aus: Das ärztliche Gespräch, Zehn Jahre ärztliche Lebensmüdenbetreuung, Tropon Arzneimittel Köln, 1967, S. 36.
2 Albert Camus, Der Mythos von Sisyphos, Hamburg 1959, S. 11.
3 Aus: Der chemische Traum, Rolf Kühne Verlag, Kassel 1972, S. 56.
4 Erwin Wexberg, Individualpsychologie, Wissenschaftliche Buchgesellschaft, Darmstadt 1969, S. 216f.
5 Alfred Adler, Menschenkenntnis, Fischer Bücherei, Frankfurt 1966, S. 12 und 236.
6 A. S. Neill, Theorie und Praxis der anti-autoritären Erziehung, rororo, Hamburg 1971, S. 279ff.
7 Howard J. Clinebell, Modelle beratender Seelsorge, Kaiser/Grünewald, München/Mainz 1971, S. 138
8 Günther Klempnauer, Trip zur Seligkeit, R. Brockhaus, Wuppertal 1971[2], S. 79.

Stichwortverzeichnis

Archibald Hart

Wer zu viel hat, kommt zu kurz

Zum Wesentlichen finden – das Leben genießen

256 Seiten, Paperback
ISBN 978-3-7655-1451-7

Wenn wir die Stille nicht mehr suchen und sie finden und irgendwann auch nicht mehr aushalten, verschwinden aus unserem Leben die Sinnlichkeit und der Genuss. Nur wer wirklich genießt, hat Freude an sich selbst, an seinen Mitmenschen, an der Welt ... und an Gott!

Mit „Wer zu viel hat, kommt zu kurz“ entdecken Sie die tiefe und echte gute Lust am Leben wieder. Und die Kraft, schwierige Zeiten durchzustehen! Mit einem Vorwort von Dr. Ulrich Giesekus.